Ricardo L. Porto

Ouse ser quem você é

Presidente:
Mauricio Sita

Vice-presidente:
Alessandra Ksenhuck

Chief Product Officer:
Julyana Rosa

Diretora de projetos:
Gleide Santos

Capa, diagramação e projeto gráfico:
Gabriel Uchima

Revisão:
Ivani Rezende

Chief Sales Officer:
Claudia Pires

Impressão:
Gráfica Paym

Dados Internacionais de Catalogação na Publicação (CIP) **(eDOC BRASIL, Belo Horizonte/MG)**	

P853o	Porto, Ricardo L.
	    Ouse ser quem você é / Ricardo L. Porto. – São Paulo, SP:
	Literare Books International, 2023.
	    176 p. : 16 x 23 cm
	
	    ISBN 978-65-5922-663-4
	
	    1. Autoconhecimento. 2. Autoestima. 3. Técnicas de autoajuda.
	I. Título.
	
	                                                                CDD 158.1

Elaborado por Maurício Amormino Júnior – CRB6/2422	

Literare Books International.
Alameda dos Guatás, 102 – Saúde– São Paulo, SP.
CEP 04053-040
Fone: +55 (0**11) 2659-0968
site: www.literarebooks.com.br
e-mail: literare@literarebooks.com.br

Para meu pai e minha mãe,
por me trazerem à vida e por tudo
que vivenciamos juntos.

Para Beth, Luciana, René e Fernanda Porto,
que sempre serão o foco da minha atenção
e do meu amor.

PREFÁCIO

Auscultar as mais recônditas profundezas do próprio Ser é um ato de grande coragem e requer uma imensa quantidade de amor por si mesmo. Partilhar e oferecer as muitas joias que encontramos ao longo do caminho com outras pessoas é a manifestação de uma generosidade sem limite.

Encontramos tudo isso neste texto de Ricardo Porto, um relato minucioso e preciso de sua própria trajetória e seus desafios, em que se desloca das dificuldades para as soluções com uma riqueza de detalhes que sempre se movem para uma compreensão mais elevada, sem derrapar para uma emotividade sentimental.

Ao fazer isso, revela toda profundeza de seus conhecimentos e elaborações com um estilo acessível a qualquer pessoa, mediante o uso de uma linguagem comum, ao mesmo tempo rebuscada e complexa em seu entrelaçamento.

Foram várias as passagens deste texto que me tocaram profundamente, por expressarem, de forma singela e verdadeira, vivências que presencio diariamente em minha atividade psicoterapêutica.

Eis uma delas: *"Se colocar numa posição de vulnerabilidade é uma decisão que demonstra uma coragem colossal para enfrentar o risco da dor e do sofrimento emocional cuja dimensão nem mesmo a própria pessoa tem como avaliar de antemão!"*

Poderia apontar muitas outras, mas tenho certeza de que cada leitor vai encontrar as que mais lhe tocam e são úteis para o próprio caminho.

Mais do que partilhar suas experiências, Ricardo também partilha suas aprendizagens e os recursos que acumulou ao longo da trajetória, recursos estes que podem facilmente ser utilizados por qualquer pessoa que queira buscar sua autorrealização.

É um livro para se ler com vagar, parando a cada passo deste caminho ladrilhado cuidadosa e amorosamente por Ricardo, buscando dentro de si os aspectos que iluminam o caminho do próprio leitor, pois cada pessoa o percorre de forma única.

Certamente não é um livro para se ler em uma sequência linear, mas requer avanços e recuos que o autor realiza na busca de revelar os diferentes tempos dessa trajetória, tempos estes importantes para a elaboração dos temas que surgem e ressurgem por camadas, das mais superficiais às mais profundas, até atingirem seu ápice.

A busca pela autonomia é de fundamental importância nesses tempos em que a Humanidade se encontra em um ponto de transição na busca de uma existência mais harmônica e pacífica. Todos podem e precisam contribuir para isto, criando uma vida mais em harmonia com seu verdadeiro Ser. É neste sentido que o livro de Ricardo pode ser entendido como sendo de autoajuda.

Mônica Von Koss

São Paulo, maio de 2022.

AGRADECIMENTOS

Este livro conta muito do meu próprio processo de autoconhecimento e autodesenvolvimento ao longo dos anos. Por essa razão, nada mais justo e correto do que mencionar em meus agradecimentos todos aqueles que participaram e contribuíram, de alguma maneira, para que este processo avançasse e, em última análise, para que este livro viesse a existir.

Agradeço, em primeiro lugar, ao meu Mestre Espiritual, ao meu Anjo da Guarda e à minha Guardiã. Na verdade, eles são coautores deste livro, foram eles que trouxeram a clareza e orientação que me permitiram entender meus pontos obscuros e conceitos distorcidos, que deram causa aos acontecimentos que relato. Não há um único capítulo em que esses esclarecimentos não se façam presentes.

Em 1995, graças à indicação da minha amiga Neide Tangary, entrei em contato, pela primeira vez, com uma disciplina Espiritual-Psicológica denominada Pathwork©. Esse encontro, um verdadeiro marco, influenciou, desde então, todas as áreas da minha vida, inclusive a profissional. Sem os ensinamentos do Pathwork©, posso assegurar, eu não seria a pessoa que sou hoje nem teria escrito este livro.

Como disse, houve muitas pessoas com as quais interagi durante minha vida e que tiveram uma influência marcante no meu processo pessoal. Foram terapeutas, professores, chefes e colegas de trabalho, familiares e parentes, amigos ou pessoas que, brevemente, cruzaram meu caminho. Posso até não ter tido um relacionamento fácil com uma ou outra pessoa na época, por falta de consciência da minha parte, mas hoje percebo a importância que todos tiveram para que eu me tornasse uma pessoa mais confiante, tolerante, compassiva, amorosa e consciente do rumo a seguir.

Agradeço também a todos que participaram de grupos de autodesenvolvimento e de processos de Coaching comigo. Cada um, da sua forma única, me mostrou alguma coisa nova sobre mim mesmo, que me possibilitou dar um passo adiante.

Agradeço ainda aos colegas dos cursos de treinamento e de formação que, com coragem e desprendimento ao falarem de suas questões pessoais, trouxeram conforto e alívio para que eu também pudesse me aceitar da forma que sou, sem me sentir um caso isolado e sem solução. É impossível mensurar a importância dessas pessoas no meu processo de autotransformação e autodesenvolvimento.

Agradeço à minha mulher, companheira de vida há 48 anos, sem a menor dúvida minha mais importante agente de mudança neste plano existencial. Sem seu bom senso e equilíbrio e sem que ela própria se dedicasse ao seu processo de autodesenvolvimento, certamente eu não teria avançado no meu caminho da mesma maneira. Agradeço a Beth Porto, ainda, pelos comentários e inestimáveis sugestões e, principalmente, pelo estímulo e apoio que me dedicou durante a escrita deste livro.

Agradeço, também, aos amigos Maria Helena e Eduardo Tedesco, pelos comentários e pelas longas e frutíferas conversas, bem como ao Luiz Vergueiro, o irmão que nunca tive, pelos oportunos esclarecimentos gramaticais e valioso incentivo, e à Flávia Pacheco, minha "filha postiça", pelo carinho e competência que dedicou na divulgação deste livro.

Por fim, agradeço, com muita gratidão pelo Prefácio, a Monika Von Koss, minha psicoterapeuta e uma das pessoas mais íntegras que tive a felicidade de encontrar na vida. Monika capturou com precisão e sensibilidade que lhe são peculiares o "espírito" que procurei trazer para as páginas deste livro.

Ricardo Porto, 2023

APRESENTAÇÃO

"A percepção seleciona e faz o mundo que vês."
Um curso em milagres

Este é um livro de autoajuda e devo reconhecer que sou seu primeiro beneficiário. Entretanto, confesso, jamais imaginei isso ao escrevê-lo. De certa forma, me anima que tenha me servido de alguma coisa, pois se foi útil para mim, que escrevi, espero que também seja para quem o ler, pois esta é, verdadeiramente, minha intenção.

Autoajuda para o quê? Para o mais importante a ser feito na vida de cada um, que é aprender a amar a si próprio. E o que significa amar-se? Significa gostar de si, se aceitar da forma que se pode ser a cada momento, a despeito das suas imperfeições e defeitos momentâneos, mas também reconhecendo e praticando as próprias qualidades e competências.

Aprender a se amar é um processo que vai além da busca da própria autonomia, mas é certo que sem autonomia não é possível amar a si próprio sem condições e sem restrições, muito menos aos outros. Reconheço que chegar a se amar dessa forma é um processo ambicioso, complexo e distante, que este livro não tem a pretensão de esgotar, muito menos ensinar. Meu objetivo é tão somente o de estimular a reflexão sobre os aspectos e condições que favorecem o desenvolvimento da própria autonomia e, consequentemente, da autoestima.

Comecei a escrever, há quase 25 anos, uma espécie de diário, sem suspeitar que um dia ele pudesse se transformar num livro. Ao todo são mais de 2.500 páginas manuscritas que tratam da minha experiência pessoal, coisas que fiz, falei e senti, comentários que escrevi sobre leituras, questões que tratei em terapia, conclusões a que cheguei por conta própria em momentos de solitude e, principalmente, mensagens que me foram transmitidas pelo meu Guia Espiritual e meu Anjo da Guarda durante minhas meditações e orações matinais. Tais mensagens, que para destacar coloco sempre entre aspas, estou convencido, são a contribuição mais valiosa que este livro possa dar.

Escrevi sobre mim o que realmente me aconteceu e nada, absolutamente nada, foi inventado ou romanceado. Tudo me diz respeito: os erros e acertos, conclusões e questionamentos, conflitos, confusões, incertezas e medos. Muitos medos, mesmo. Medo de falhar, de fracassar, de ser ridicularizado ou humilhado. Medo de não ser homem o suficiente, de apanhar e de me chamarem de covarde. Medo de não atender às expectativas que julguei haver sobre mim, a maioria das quais nunca me foram ditas e tampouco questionei. Acatei as todas e a tudo como um bom menino deveria fazer.

É surpreendente como chegamos a determinadas conclusões, que têm enorme influência na nossa vida, sem questionamentos. Acredito mesmo que essa seja a origem do desconforto latente dentro de mim. Uma vaga e indeterminada sensação de inadequação e desmerecimento que permeou meu dia a dia durante anos, ora de forma bem perceptível, ora apenas como uma sensação difusa. Na verdade, tudo já era sintoma da minha falta de autonomia motivada pelo meu desejo de não desapontar e de ser aceito pelas pessoas.

Reler o que escrevi e continuo a escrever no meu diário, com a consciência que tenho hoje, aos 75 anos de idade, me permite ter uma visão em perspectiva dos episódios da minha vida e entender muitas coisas a meu respeito. Possibilita também, muito importante, apreender a lógica perfeita que une, dá sequência e justifica os fatos que vivenciei e explicam as consequências que minhas emoções e atitudes causaram. Com esta compreensão, pude questionar e reconsiderar muitos conceitos e crenças que acreditava definitivos e abandonar comportamentos que promoveram ressentimentos, conflitos e separatividade. Na verdade, este diário se demonstrou uma excepcional ferramenta de autoconhecimento e muito contribuiu para meu entendimento do real significado da autonomia e, consequentemente, da importância de desenvolver minha autoestima.

Ao examinar em perspectiva todo este processo, sinto uma enorme compaixão e imenso amor por mim mesmo e, também, uma saudável satisfação por saber que posso, agora, fazer escolhas diferentes. Por acreditar profundamente nisso é que me coloco, sempre que possível, como exemplo das questões que quero dar destaque, dada a sua importância. Sei que são relevantes, não apenas por já ter me defrontado com elas, mas porque foram temas recorrentes para as centenas de pessoas, homens e mulheres, que acompanhei e acompanho há mais de 20 anos como Facilitador de Grupos de Autodesenvolvimento e como Executive, Team & Life Coach. É comovente constatar como todos nós, por baixo das aparências e diferenças externas, somos tão parecidos.

Este livro, quero repetir e enfatizar, não pretende ser um mapa ou receita para solucionar as questões pessoais de quem quer que seja, pois isto só depende de cada um. Seu objetivo é o de mostrar a importância de desligar o "piloto automático" para nos concentrarmos na busca do porquê de determinados fatos ocorrerem e até se repetirem, a ponto de nos impedir de viver a vida plena, recompensadora e feliz que é nosso destino ter.

Dividi o livro em duas partes. Na primeira, a que dou o nome de "Os Fundamentos", menciono conceitos que não são originais, pois já vêm sendo tratados, há séculos, por muitos autores de diferentes Tradições e são básicos para entender a lógica exata e precisa que rege toda forma de vida na Terra, bem como o profundo senso de justiça, perfeição e amor que faz com que tudo, ao final, se mostre perfeito e útil, não só para nosso autodesenvolvimento, mas para realizar o Propósito da Vida que é: *Ampliar a nossa Consciência para nos permitir Amar sem Condições e sem Restrições, toda e qualquer manifestação de Vida.* Esse é o Propósito Pessoal e Coletivo da Humanidade, tema que trato com mais profundidade em capítulo específico.

Na segunda parte, nomeada de "A Prática", abordo temas, com os quais a maioria de nós, senão a totalidade, já se deparou em alguma ocasião ou em vários momentos. Minha intenção ao tratar essas questões, todas elas como mencionei, já vividas por mim mesmo, é mostrar como podemos procurar o significado intrínseco que há, e sempre há, por trás de cada acontecimento, interação ou relacionamento, com o objetivo de entender o que precisamos fazer ou transformar, internamente, para nos tornarmos pessoas mais conscientes e com mais autonomia.

Ao final dos capítulos, proponho um tema para Meditação e um Exercício com o objetivo de ajudar na compreensão emocional do conteúdo que foi tratado. Sei, mais uma vez por experiência própria, que esta pode ser uma forma poderosa de trazer para a consciência questões dormentes em nosso inconsciente, mas que têm um poder extraordinário de influir nas nossas atitudes e comportamentos, sem que sejamos capazes de correlacionar o efeito à sua causa. Portanto, sugiro, firmemente, a realização da Meditação e do Exercício que, idealmente, podem se tornar uma prática habitual com imensos benefícios para o processo de autodesenvolvimento de cada um.

No capítulo "Autodesenvolvimento: autoconhecimento e autotransformação", trato da Meditação com mais detalhes oferecendo, inclusive, recomendações de como iniciar essa prática tão importante, não apenas como uma técnica de relaxamento e autocentramento, mas como uma poderosa ferramenta auxiliar na busca do autoconhecimento e para o desenvolvimento da Consciência. Se você não tiver o hábito ou nunca meditou antes, pode ser proveitoso ler as explicações sobre Meditação deste capítulo antes de iniciar sua prática com o tema proposto ao final de cada capítulo.

Assuma o controle da sua leitura, siga sua intuição e leia o livro na ordem que lhe parecer mais adequada.

SUMÁRIO

PARTE I

OS FUNDAMENTOS

A VIDA TEM LÓGICA

"Tudo (na vida) está perfeitamente imperfeito."
Mônica Von Koss[1]

"Deus não joga dados com o Universo."
Albert Einstein [2]

"Quem deseja ter o certo sem o errado,
a ordem sem a desordem,
não compreende os princípios do céu e da terra.
Não sabe de que maneira tudo está interligado."
Chuang Tzu, século IV a.C. [3]

Sou uma pessoa lógica e racional. Desde criança, aprendi a me valer do meu raciocínio, sempre que me via em situações que representassem algum tipo de ameaça, física ou emocional. Pode parecer paradoxal dizer que usei a razão para evitar ou mitigar o medo e a dor emocional que vivenciei tantas vezes na minha infância. Mas não é, pois acredito, foi o que me permitiu "sobreviver".

---

1 Psicoterapeuta com ênfase na Psicologia Transpessoal e a primeira Fractologista graduada na América Latina. Na verdade, a frase originalmente publicada é: O planeta terra é o planeta da perfeita imperfeição, que depois foi sintetizada na forma apresentada na epígrafe.

2 Citação de Huberto Rohden em Einstein, o Enigma do Universo, 1993, Editora Martin Claret, São Paulo, Brasil.

3 Citação mencionada por Margaret J.Weatley em Liderança e a Nova Ciência, Editora Cultrix, 1999, São Paulo, Brasil.

Reconheço que aprendi a sufocar meus sentimentos e emoções para não sofrer, para anestesiar aquela pressão no peito ou o nó na garganta, sensações tão familiares e doloridas, que até hoje, passadas tantas décadas, ainda posso relembrar e mesmo senti-las no corpo outra vez.

Quando criança, filho único até os 12 anos, presenciei brigas frequentes entre meu pai e minha mãe que me deixavam em pânico, pelo medo que sentia de que eles viessem a se separar. Nessas ocasiões, procurava encontrar uma estratégia mental, um argumento, que evitasse a separação, que me parecia inevitável. Era como se a manutenção do casamento dos meus pais fosse de minha responsabilidade. O fato é que eles nunca se separaram e se assim foi graças a mim ou não, jamais saberei, muito embora na época estivesse convencido de que eu salvara o casamento deles com os meus argumentos ou, poderão dizer, com minha manipulação.

O modelo de masculinidade que aprendi quando criança determinava que "homem não chora e emoção é coisa de mulher, que não pensa direito", "homem que é homem não leva desaforo para casa", "homem tem que ser forte, vencer na vida e ter sucesso (financeiro)". Não apenas acreditei em tudo isso, como também concluí que, para obter amor e a aprovação do meu pai, tinha que atender a todas suas expectativas. Isto é um fato.

Tinha 14 anos quando meu pai morreu e não tive tempo de me provar para ele. Sinto que isso deixou um vazio, ou melhor, uma ausência dentro de mim. Nem tive tempo de chorar a sua morte, pois um primo, bem mais velho que eu, muito seriamente me falou: "Ricardo, agora você é o homem da casa e tem que cuidar da sua mãe e da sua irmã pequena". Sinceramente, essa responsabilidade não me passara pela cabeça até então. No entanto, e muito a contragosto, reconheci que não me restava outra opção, além de "engolir o choro" mais uma vez e seguir em frente, estoicamente. Estoicamente? Sim, estoicamente, porque além de não me sentir em condições de enfrentar, sem meu pai, os desafios que um menino nesta idade normalmente enfrenta, ainda teria que "cuidar" da minha mãe e irmã.

Muitos e muitos anos depois, observando minha mãe, já com idade avançada, percebia, nitidamente, o seu gradativo enfraquecimento e o momento da sua passagem se avizinhar. Mais uma vez, o velho aperto no peito e o nó na garganta retornaram com a mesma intensidade e sem nenhuma consideração pelo fato de eu já ser um adulto bem maduro. Como era de se esperar, a velha e conhecida estratégia de racionalizar e encobrir as situações dolorosas com justificativas lógicas e razoáveis, retornou com a intensidade e urgência de sempre. Mamãe morreu e eu, no seu velório, observava tudo com uma tranquilidade que, no fundo, sabia não ser verdadeira, no entanto, não conseguia ou não me permitia agir diferente. Ser assim me levou a concluir que era insensível e, portanto, havia algo de errado comigo.

Usar o raciocínio e a imaginação para definir estratégias de controle para evitar os perigos reais ou imaginários, que me afligiam na infância e adolescência, foi o que me permitiu enfrentar meus medos e chegar à idade adulta com alguma segurança e certa normalidade. Assim sendo, forjei minha própria identidade, liguei o "piloto automático no modo controle" e segui em frente acreditando que daria tudo certo. De fato, funcionou muitas vezes, mas o preço que paguei por aparentar o que não era de fato, não foi pequeno.

Na verdade, o "personagem" que criei para mim nem sempre funcionou como eu esperava. Quando isso acontecia, me sentia perdido e sem rumo, confuso, com medo de passar pela humilhação e vergonha de que percebessem a fraude que eu era. Minha conclusão era uma só: se falhei e errei, foi por minha culpa, porque sou incapaz, incompetente, é sempre assim etc. Uma sucessão de autocríticas e cobranças que me obrigavam a me esforçar mais e mais para que tudo não se repetisse. No entanto, acontecia de novo, o que reforçava minha insegurança e a sensação de ilegitimidade da minha parte, que só faziam minha autoestima diminuir.

A crise é o resultado inevitável das situações não entendidas e, claro, não resolvidas. Na época ainda não sabia disso. Não percebia que minha estratégia de aparentar o que não era na verdade, não poderia funcionar indefinidamente.

Demorei muito tempo, de fato, para entender que viver com o "piloto automático" ligado na função "controle" não era solução para evitar as frustrações, insucessos e, menos ainda, para evitar as crises que, gradativamente, se tornavam mais frequentes, duradouras e sofridas. Supervalorizar o mental pode ter sido útil e até necessário em muitas ocasiões, porém não foi suficiente para resolver minhas questões mais profundas, como as sensações de abandono e rejeição ou os sentimentos de desqualificação e inadequação sempre tão recorrentes.

Aqui cabe abrir um parêntesis: todos nós, em menor ou maior medida, pretendemos controlar a vida para evitar as adversidades e episódios dolorosos que nos afetem ou, no mínimo, para nos livrarmos deles o mais rápido possível. Em contrapartida, há o anseio humano legítimo, mas pouco realista, de querer usufruir apenas as coisas boas, que nos dão prazer, trazem o reconhecimento, a aceitação das pessoas e que nos fazem felizes.

Com esse objetivo de evitar as coisas ruins e garantir as boas, cada um de nós desenvolve a sua estratégia particular para controlar os resultados. Alguns, por exemplo, se valem da indiferença, da racionalidade e de atitudes que demonstrem superioridade e independência; outros, ao contrário, são disponíveis, prestativos e, não raro, usam a submissão ou a sedução com a mesma finalidade. Finalmente, há um grande grupo, que opta por ter atitudes fortes, autoritárias, agressivas, arrogantes ou, ainda, usam a posição social e o poder financeiro para concretizar seu intento. Fecho o parêntesis.

O que à primeira vista parecia ser uma boa solução, com o tempo, como eu próprio pude constatar, demonstrou ser uma pseudo-solução. O medo de deixar transparecer a inadequação, um erro, uma fraqueza ou qualquer coisa que não queremos que saibam a nosso respeito, se torna desproporcional. Qualquer deslize que exponha nosso "defeito", mesmo aquele que a maioria das pessoas relevaria, é como uma sentença de morte. Evidentemente que esse nível de autoexigência impossível de sustentar resulta em autodecepção seguida da autocrítica, vergonha e dor. Ou seja, acabamos experimentando tudo o que queríamos evitar.

Minha conclusão óbvia, diante desta narrativa é que querer controlar a Vida e tentar cobrir todas as possibilidades que evitem a dor será sempre uma tentativa improdutiva e fadada ao insucesso. É impossível, porque a lógica da Vida pressupõe mudança, movimento e uma infinita gama de possibilidades, como aliás, a física moderna demonstra. Ou seja, a Vida, definitivamente, não é o que gostaríamos que fosse: estável e previsível. Portanto, nosso desejo de controlar a Vida é, de fato, inviável pois atenta contra a sua própria natureza.

Por outro lado, nossa avaliação equivocada de que a Vida é "imperfeita" por não corresponder aos nossos desejos internos, muitas vezes imaturos, é uma oportunidade para revermos conceitos e crenças errôneas, comportamentos negativos e sentimentos destrutivos, que são os verdadeiros responsáveis pela nossa infelicidade.

As crises acontecem para nos avisar que uma ação corretiva é necessária da nossa parte. Portanto, não será construindo muros para nos defender da dor, que vamos alcançar a felicidade que almejamos, mas sim, quando nos permitirmos ser vulneráveis para examinar a dor, que nossas atitudes e comportamentos causam. Ser vulnerável não significa ser fraco, mas sim ter a coragem para aceitar que não somos perfeitos e que agimos, muitas vezes, de forma cruel, injusta e negativa. Ser vulnerável abre as portas para o autoconhecimento e para a autotransformação.

A vida sempre mostra a verdade para que possamos evoluir e continuará nos mostrando, com intensidade cada vez maior, até termos a disposição ou nenhuma outra escolha além de reconhecer e fazer o que é preciso: entendermos nossas crenças equivocadas, nossas conclusões baseadas em conceitos que não nos pertencem, nossa submissão a mandados que temos receio de contrariar, o medo de expressar nossa verdadeira natureza e sermos rejeitados ou ridicularizados por isso, daí a necessidade de abdicarmos do papel da vítima e assumirmos a responsabilidade pelos nossos atos e admitir quando não somos verdadeiros com nós mesmos e com os outros.

Não há nada pior do que se sentir à deriva, sem rumo, se perceber impotente diante de situações, das quais não sabemos a origem e, por conseguinte, nem desconfiamos quais sejam as soluções. Não nos ocorre, na maioria dos casos, que a resposta só pode ser encontrada em nós mesmos. Nós somos os únicos responsáveis por tudo que nos acontece.

Não há acasos, coincidências, muito menos sorte ou azar; o que há é um plano preestabelecido, não determinístico, que até pode-se chamar de Destino cujo único objetivo é criar as condições para ampliarmos nossa consciência e, gradativamente, assumirmos nossa autorresponsabilidade e nossa verdadeira autonomia.

Na verdade, tudo é bastante lógico. Pode ser muito difícil de colocar em andamento, é verdade, mas, definitivamente, não é impossível.

Para aqueles que gostam de argumentos científicos para ajudá-los a compreender questões metafísicas, cito o químico de origem russa Ilya Prigogine, criador da teoria das Estruturas Dissipativas[4], que definiu e comprovou que "Os sistemas auto-organizados são aqueles sistemas que diante de níveis crescentes de perturbação têm a capacidade inata de se organizar de modo a lidar com novas informações". Já para os que preferem a sabedoria das antigas tradições, transcrevo a seguinte frase: "A consciência se expande como consequência da

---

4 Ilya Prigogine, The End of Certainty: Time, Chaos, and the New Laws of Nature, New York: The Free Press, 1998, New York, USA.

experiência vivida"[5]. Apesar de enunciadas de forma diametralmente oposta, ambas as afirmações chegam, exatamente, à mesma conclusão: não adianta reagir ou se defender dos acontecimentos desagradáveis, mas sim compreender por que ocorrem e o que precisamos aprender e fazer para que não se repitam.

Sim, a Vida faz todo Sentido, mas é preciso entender e aceitar sua lógica perfeita para podermos acompanhar, sem resistência, sem ressentimentos e com comprometimento seu fluxo, que nos encaminha de forma inevitável à expansão da Consciência, que é a razão da nossa existência.

Tema para Meditação: "A Vida é tanto felicidade quanto infelicidade". Essa é a natureza da Vida. Adversidades ocasionais não devem levar a pessoa a acreditar que não há uma solução para elas ou assumir uma visão sombria e pessimista da Vida. Ao contrário, é preciso procurar e entender, dentro de nós mesmos, o que causou esses contratempos. Para tanto, pergunte-se: "O que essa adversidade quer me mostrar e ensinar?"

Exercícios:
* Reflita e escreva sobre o que descobriu sobre você na Meditação. Percebeu algo novo? O que percebeu de novo? Como se sente diante dessa nova descoberta?

* Até que ponto sou capaz de reconhecer e me responsabilizar pelas consequências que minhas atitudes e comportamentos ocasionam?

* Como normalmente lido com as adversidades?

* Todos nós temos qualidades evidentes e aspectos que ainda precisam ser desenvolvidos ou transformados. Qual aspecto

---

5 Palestra 165 – Fases Evolutivas Consideradas quanto à Relação entre os Reinos do Sentimento, da Razão e da Vontade, da Internacional Pathwork© Foundation, 1968, New York, USA.

seu mais o incomoda? Como você convive com esse aspecto? Procura escondê-lo para que as pessoas não o percebam? Como você faz isso ou tenta fazer, em termos comportamentais? Funciona? Vale a pena?

* Quais as cobranças, exigências e críticas que, frequentemente, faz para você mesmo(a)?

Reflexão: "É preciso aceitar a infelicidade como um remédio necessário, mas sem pensar que a doença e o remédio são para sempre. Isso significa aceitar a Lógica da Vida. Qualquer pensamento desarmônico com relação às dificuldades da Vida é indício de que, no íntimo, não aceitamos as regras da Vida e negamos nossa Autorresponsabilidade com relação aos fatos."[6] Pergunte-se: por que estou lutando e resistindo ao que está me acontecendo? Não estou sendo orgulhoso e obstinado ao rejeitar o que a Vida está tentando me mostrar?

---

6 Palestra 037 do Guia do Pathwork – Aceitação, o Modo Certo e o Errado; Dignidade na Humildade, 26/09/1958, The Pathwork Foundation©, New York, NY.

O PROPÓSITO PESSOAL

"Caminhante não há caminho,
faz-se o caminho ao caminhar."[1]
Antonio Machado

"Amplificar minha Luz e me tornar um farol."
RP

Há anos venho lendo e estudando o tema do Propósito Pessoal e sobre Empresas com Propósito. Confesso que, quanto mais lia, mais confuso ficava, pois as definições de Propósito que encontrava pareciam se referir mais à Visão, Missão e Valores; Objetivos e Metas; Código de Ética e Princípios e até mesmo sobre Filantropia. Reconheço que a definição de Propósito Pessoal ou Empresarial possa ter alguma correlação ou até mesmo incluir partes de todos esses diferentes conceitos, mas, estou convencido, seu significado é muito mais amplo e profundo.

A confirmação de que havia um grande mal-entendido sobre o que é Propósito, me ocorreu quando o Comitê de Recursos Humanos do IBGC – Instituto Brasileiro de Governança Corporativa, do qual era um dos membros, recebeu a visita do Vice-Presidente de uma das maiores empreiteiras do país para falar, justamente, sobre o Propósito da sua empresa. Bem, não muito tempo depois, a

---

1 Trecho do livro Proverbios y Cantares, do poeta espanhol Antonio Machado Ruiz, Sevilha, ES, 26/07/1875; França, 22/02/1939).

mídia começou a divulgar os eventos relacionados com a Operação Lava-Jato e logo ficamos sabendo que a tal empresa estava profundamente envolvida com esquemas de corrupção. Se confirmou, então, para mim, o que já havia intuído na apresentação do Vice-Presidente: sua empresa não tinha nem Princípios nem Ética, muito menos Propósito e, claro, ele também não tinha a menor ideia do significado do Propósito.

Como mencionei no capítulo "A lógica da vida", a ciência comprovou que o Universo, graças à sua natureza autoconsciente, alterna movimentos sucessivos de expansão e contração, que determinam situações de equilíbrio e desequilíbrio (caos), que impulsionam sua evolução, isto é, a passagem de um nível de Consciência para outro mais amplo e elevado. Este é um movimento que se perpetua indefinidamente.

Nós todos somos parte da Vida e, portanto, sujeitos às suas leis e princípios. Por essa razão, nosso Propósito Pessoal, quer saibamos ou não que temos um, deve ser coerente e se harmonizar com o movimento ou o fluxo da Vida em direção à evolução da Consciência. Assim sendo, simplesmente podemos dizer que o ***Propósito Pessoal é nos tornarmos cada vez mais Conscientes***. Mas a pergunta óbvia que se segue é: *o que é ser Consciente?*

Em primeiro lugar, é preciso dizer que ser Consciente é o resultado da transformação de todo e qualquer sentimento, pensamento e atitude que promovam a exclusão, a desigualdade, o sofrimento e, em última análise, a separatividade com relação a toda e qualquer manifestação de vida e não apenas no que diz respeito a nós humanos, mas a todos os seres, de todas as dimensões e reinos da natureza, sem exceção. Ou seja, dizendo o mesmo de outra forma, ser Consciente é honrar, respeitar, aceitar, defender, preservar e reconhecer como sagrada toda e qualquer expressão de vida. Numa frase curta, que acredito sintetiza bem esse conceito, ***"Ser Consciente é ser capaz de amar sem restrições e sem condições toda e qualquer expressão de vida".***

Ora, como o Propósito Pessoal é ser Consciente e ser Consciente é amar sem restrições e sem condições, logo o Propósito Pessoal é amar sem restrições e sem condições toda e qualquer expressão de vida.

Há muitos anos, num seminário conduzido pelo Dr. John C. Pierrakos[2], ele mencionou: "Estamos todos, sem exceção, aqui no planeta Terra para aprender a amar!". Esta afirmação marcou profundamente minha vida, pois me deu uma clara e instantânea compreensão do porquê de estarmos vivos, da Razão da Vida, e o entendimento do significado do Propósito Pessoal. Simples assim! Mas simples não quer dizer nem fácil nem impossível. E é dessa questão que quero tratar aqui.

Nascemos todos tendo um Propósito que nos acompanha desde sempre, essa é que é a verdade. Entretanto, podemos passar boa parte da vida sem nos apercebemos da sua existência, ou até mesmo viver uma vida inteira sem sequer nos preocuparmos com essa questão. No entanto, desconhecer ou ignorar não elimina sua existência e tão pouco seus efeitos.

Ainda que inconscientemente, sempre estaremos, laboriosa e criteriosamente, preparando a emergência do Propósito toda vez que enfrentamos e superamos uma dificuldade, um desafio e as crises que a vida nos apresenta; quando transformamos um defeito ou quando identificamos algo que nos dá satisfação e alegria de fazer; quando percebemos o que nos comove, nos energiza, "arrepia a espinha", o que desperta nossa atenção, curiosidade e interesse legítimo; ou ainda, quando descobrirmos uma habilidade, um talento, um dom específico para realizar algo que muitos acham difícil ou complicado fazer.

---

2 Médico psiquiatra de origem grega, discípulo de Wilhelm Reich, cofundou, com Alexander Lowen, a Bioenergética. Após seu casamento com Eva Broch, entrou em contato com as palestras do Guia do Pathwork© e, em decorrência da combinação da Bioenergética com o conteúdo das palestras do Pathwork©, criou uma disciplina psicológica a que chamou de Core Energetics.

No dizer do escritor Viktor Frankl[3], "A Vida nos Questiona". As conquistas mais difíceis, a superação das limitações mais arraigadas, as dores, os sofrimentos, as decepções, as situações difíceis que experenciamos contribuem para a "lapidação e emergência" do nosso Propósito. A Vida nos mostra que "Onde está nossa dor está nosso dom"![4]. Ou seja, toda limitação, falha ou defeito que conseguimos superar ou transformar, expõe a qualidade correspondente que estava "encoberta". Por exemplo: alguém tem medo do insucesso ou da derrota, por acreditar que jamais será capaz de se recuperar ou de se reerguer caso fracasse. Por acreditar nisto, esta pessoa evita se colocar em situações que, segundo ela, representam risco de falhar. Por outro lado, ela também se lamenta da falta de oportunidades ou de sorte e se ressente ao ver pessoas, tão ou até mesmo menos qualificadas do que ela, prosperarem muito mais na vida. Esta pessoa vai conviver com o sofrimento e a dor da frustração até o seu limite, quando então decide enfrentar seu medo de falhar. Ao compreender e transformar esta crença autolimitante, sua autoconfiança se fortalece e sua real capacidade emerge, fato que lhe permitirá dar uma nova direção à sua vida. Adicionalmente, esta sua experiência positiva a qualificará para oferecer orientação a outras pessoas, que se encontrem em situação semelhante, contribuindo para que elas ressignifiquem suas crenças autolimitantes.

Sem dúvida nenhuma, nossa trajetória de vida em todas as áreas, afetiva, familiar, profissional e social, com seus acertos e erros, dores e alegrias, amores e desamores, sucesso e frustrações, medos e certezas e assim por diante, são o mapa, a receita, a partitura, a planta que nos direciona ao Propósito Pessoal. Portanto, para começar, é preciso relembrar e resgatar os acontecimentos marcantes que vivemos ao longo da vida com a intenção de entender seu significado ou o porquê de terem ocorrido.

---

3 Psicólogo e autor vienense, escreveu "Em busca de sentido", Editora Vozes, Petrópolis, RJ.

4 Palestra do Guia do Pathwork©, Pathwork Foundation, 1968, New York, NY.

O Propósito não é uma descoberta pontual ou acidental a que se chega e pronto, está feito. Ao contrário, é fruto de um Processo, não linear e não local, que vai se desvelando e sendo aperfeiçoado ao longo da vida, à medida que processamos e incorporamos o aprendizado das experiências vividas e que contribuíram para a ampliação da nossa Consciência.

Novamente, sempre que, em decorrência de uma desarmonia num relacionamento ou acontecimento, reconhecemos em nós mesmos um traço de caráter questionável ou uma falha mais séria cometida, na mesma medida criamos a oportunidade de transformar esses desvios de personalidade e eliminar as causas que acarretam dor e sofrimento para nós e para os outros.

Encarar a vida com esse olhar que entende e aceita sua lógica, dinâmica e o seu porquê, nos habilita a ser mais flexíveis, resilientes e compassivos com nós mesmos, em primeiro lugar e, consequentemente, nos capacita a sermos pessoas mais gentis ao nos relacionarmos com o mundo a nossa volta, mais propensas a aceitar as diferenças, a perdoar as falhas dos demais e, finalmente, mais aptos para amar verdadeiramente. Ao proceder assim, nos acercamos, mais um pouco, do nosso Propósito Pessoal.

O Propósito não muda em essência, embora, por ser resultante de um processo, a compreensão do seu significado se apreende na mesma proporção que nossa Consciência se expande. Em outras palavras: há uma dinâmica implícita e interativa, que se retroalimenta e não altera o significado final do Propósito, mas o revela e o manifesta em etapas sucessivas e cumulativas, cada uma delas com sua própria peculiaridade, que reflete o nível de consciência que somos capazes de manifestar neste dado momento.

Portanto, metaforicamente, não há um ponto de chegada, apenas um caminho com suas nuances e paisagens, que também muda à medida que prosseguimos por ele. Tudo pode mudar, se alterar, se aperfeiçoar ao longo do trajeto, porém o Propósito continua a apontar sempre a mesma direção. Imediatamente, enquanto escrevo este parágrafo, me ocorre o poema do espanhol Antonio Machado Ruiz, mencionado na epígrafe que canta: "Caminhante, não há caminho; faz-se o caminho ao caminhar". É isso.

Assim como há uma Inteligência Superior que ordena e dá direção ao Universo, há também uma Inteligência equivalente residente dentro de cada um de nós, que procura nos manter na direção do Propósito. Analogamente ao funcionamento perfeito do Universo, nosso processo pessoal também se auto-organiza, por tentativa e erro. Ele se retroalimenta com as iniciativas certas e se autoajusta diante de decisões improdutivas. Mas tudo sempre com o objetivo de nos manter na direção do nosso Propósito Pessoal.

As crises que enfrentamos em nossas vidas, sejam de saúde, afetivas, financeiras ou profissionais, são o sinal seguro de que nos afastamos do Propósito Pessoal, que nossa Alma ambiciona realizar, pois Alma é o nome dessa inteligência que hospedamos em nosso corpo e que nos fala pela Intuição.

Duvidar e agir contrariamente à nossa Intuição sempre redundará, em algum momento e medida, em frustração e fracasso, pois nossa vontade, dividida pela incerteza e pela dúvida, se torna fraca e descomprometida com os objetivos. Para seguir em busca do nosso sonho, é fundamental acreditar e confiar na nossa voz interna, ainda que ela, muitas vezes, soe estranha e conflite com a razão.

No âmago, percebemos e sentimos que não é suficiente fazer apenas por nós mesmos, mas é preciso dividir nossas experiências, aprendizado e os benefícios que obtivemos, com outras pessoas. Emerge de dentro de nós um forte anseio por prestar serviço ao mundo e à Vida. Já não nos basta saber, é preciso que outros saibam o que sabemos, pois queremos contribuir para criar um mundo melhor, mais pacífico, justo, igualitário e fraterno. Sentimos o impulso de retornar à Vida o que a Vida nos deu.

Quem construía catedrais sabia que não as veria prontas, no entanto não se sentia desmotivado ou desinteressado, ao contrário, continuava a fazer o "trabalho de Deus, e o que é mais importante do que isso?"[5] Os visionários baseiam seus sonhos no Propósito que os guiam para ações que vão muito além dos interesses pessoais de curto ou médio prazo. Sem o Propósito, as visões e os sonhos seriam facilmente derrotados pelos céticos e acomodados.

É preciso mais do que razão e lógica para seguir em frente em tempos de incerteza. Essa é uma das características do Propósito: ele transcende os limites da mente, da lógica convencional, dos padrões de comportamento estabelecidos e comumente praticados. Se for necessário questionar esses estereótipos, o Propósito aportará clareza, significado e confiança para nossas decisões e disposição para nossas ações.

Palavras, teorias, discursos podem gerar interesse e capturar a atenção, mas o que de fato compromete as pessoas é a consistência e a coerência que mostramos, ou seja, nossa Integridade. Propósito e Integridade são aspectos do mesmo todo. A integridade se alimenta, se pauta e não perde de vista o Propósito.

Apesar de acreditar, profundamente, que Ser Consciente ao ponto de amar sem restrições e sem condições é o Propósito Final, quando faço uma autoanálise honesta e sincera, reconheço que estou a anos-luz desse nível de Consciência. Com esta avaliação absolutamente realista, poderia desaminar, me sentir impotente diante do desafio e, finalmente, desistir, mas não sem antes encontrar uma desculpa convincente que me justifique... No entanto, e novamente de forma sincera e realista, quando repasso minha vida, me dou conta de todo meu progresso. Sim, posso estar muito longe do Propósito Final da minha existência, mas estou mais perto dele do que jamais estive antes. Focar nos ganhos e não no que falta é um poderoso antídoto

5 Nikos Mourkogiannis, Purpose, 2006, Palgrave Macmillan, New York, NY.

contra a frustração, o desânimo e a vontade de desistir. É necessário parar e reconhecer os próprios méritos e progresso.

Retornando ao ponto de partida, sim, grupos, empresas, associações, corporações, comunidades e até mesmo países podem e devem ter um Propósito que os norteie. O Propósito Coletivo é promover o desenvolvimento da Consciência Coletiva, que assim como o Propósito Pessoal leve à transformação de todo e qualquer sentimento, pensamento e atitude que crie exclusão, desigualdade e a separatividade entre toda e qualquer manifestação de vida.

Inicialmente haverá alguém ou alguns que, pioneiramente, definirão o Propósito do seu projeto ou empreendimento, seja de que natureza e porte for. Entretanto, a definição do Propósito Coletivo sempre será resultado da convergência entre os Propósitos individuais de todos os envolvidos, pois, afinal, foi a harmonização das Consciências individuais que, por ressonância, aglutinou as pessoas.

A coerência com o Propósito Coletivo, organicamente, em todas as ações, políticas, programas, atos, decisões e atitudes que afetam seu entorno e áreas de influência, em todas as dimensões, é o que lhe confere credibilidade e reputação para atrair os recursos humanos compatíveis, criar boa vontade e, finalmente, determinar sucesso e sustentabilidade ao longo do tempo.

Conforme trato em capítulo específico, a Espiritualidade tem total e completa correlação e interdependência com Consciência e Propósito.

Exercício para ajudar na reflexão sobre seu Propósito Pessoal

Encontre um lugar tranquilo e silencioso para fazer este exercício. Como se fosse iniciar uma meditação, feche os olhos, respire profundamente algumas vezes até se sentir em paz com você mesmo. A partir desse ponto, abra os olhos e procure fazer o exercício proposto "escutando", sempre que possível, sua intuição, sua voz interior, ao responder às seguintes questões:

1. **Linha do Tempo:** relacione, cronologicamente, todos os acontecimentos importantes da sua vida. Comece do ponto mais remoto que conseguir se lembrar e prossiga até os dias atuais. Confie na sua Intuição para identificar o que for relevante. Todos os acontecimentos são importantes, independentemente de terem sido "bons ou maus", "pequenos ou grandes". Na verdade, pondere sobre o ambiente familiar no qual cresceu e foi educado, as facilidades ou as dificuldades que teve, os desafios que enfrentou ao longo da vida e observe o que foi determinante para ampliar sua Consciência. Essas experiências vividas sugerem algum aspecto que ainda precise desenvolver ou transformar? Há um "fio condutor" que liga episódios importantes da sua vida e que indicam um determinado sentido ou significado implícito?

2) **Após terminar sua Linha do Tempo, escreva e releia suas respostas ou conclusões e observe se:**

   a) Houve acontecimentos semelhantes que ocorreram com mais frequência? Quais?

   b) Você consegue identificar uma causa comum para esses episódios repetitivos?

   c) Quais foram os grandes desafios ou crises que superou? Como se sentiu ao superá-los e o que aprendeu com essa experiência?

   d) Quais obstáculos foram mais difíceis? Quais foram insuperáveis? O que o fez desistir desses desafios? Quais são seus sentimentos com relação a você mesmo em virtude dessa desistência?

   e) O que foi fácil conseguir, conquistar e que trouxe um reconhecimento grande e até inesperado?

f) Quais são os talentos que reconhece ter? Já pensou em usá-los de forma ampla, como um serviço para melhorar a vida das pessoas? Por quê? Como?

g) Que talentos ou talentos você sente que ainda precisa desenvolver ou aperfeiçoar?

h) Em que situações você se sentiu inteiro(a), preenchido(a), feliz e orgulhoso(a) com você mesmo(a)? Já sentiu uma sensação de que "é isso!" ou "achei!"?

i) O que sente que ainda não foi preenchido na sua vida? O que está faltando e quer conseguir? Isso é um problema para você, algo que te incomoda muito? Você tem certeza do que você quer? Seja bem claro nessa resposta.

Após responder às questões anteriores, talvez você possa descobrir o que a vida está te mostrando e sugerindo que faça diferente, seja na forma de como se relaciona com as pessoas, de como reage diante de contratempos, frustrações ou ainda, a maneira pela qual dirige ou não dirige sua vida e se deixa influenciar pelas opiniões das pessoas ou procura não desagradar alguém.

Seu Propósito, nesse instante da sua vida, pode emergir dessas reflexões. Não se afobe em descobri-lo instantaneamente, embora não seja impossível que isso aconteça. Porém, se não acontecer imediatamente, mantenha-se atento aos acontecimentos nos próximos dias. O ideal é que você reflita com calma sobre suas descobertas. Escreva sobre elas e observe suas sensações ao fazê-lo. Medite e peça ajuda para identificar qual é o seu Propósito. A ajuda virá, certamente, se pedir com convicção. Fique alerta e não desqualifique sua intuição, os sinais e sincronicidades que ocorrerem. Ao final, se estiver confortável, escreva qual é o seu Propósito numa frase curta e objetiva.

Lembre-se: *nada é definitivo, tudo pode mudar ou ser mudado. A Vida é um processo e o Propósito prossegue e se autorrevela no transcorrer do próprio processo.*

AUTODESENVOLVIMENTO: AUTOCONHECIMENTO E AUTOTRANSFORMAÇÃO

"Conhece-te a ti mesmo."
Inscrição na entrada do Oráculo de Delfos

"Ninguém muda até estar pronto
e nem cura o que não sente."
Dra. Edith Eva Eger

"A felicidade está disponível para todos,
mas é impossível obtê-la sem eliminar
as causas da infelicidade."[1]
O Guia do Pathwork©

P assei mais de dois terços da minha vida reagindo às pessoas e aos acontecimentos. Reagir, no meu entendimento, significa responder emocional e automaticamente a estímulos externos, com base em dogmas e pressupostos que acatamos, bem como conclusões a que chegamos em decorrência de fatos que presenciamos no ambiente familiar, da educação que recebemos ou da cultura da época e da sociedade em que vivemos. Isto tudo, somado, contribuiu para forjar nossa própria personalidade com seus valores e crenças específicas, que deram origem a verdades relativas é verdade, mas nem por isso menos influentes nos nossos comportamentos e atitudes.

---

1 Palestra do Guia do Pathwork© 011 – Autoconhecimento: o grande plano e o mundo espiritual.

Poucos, muito poucos, da minha geração se deram ao trabalho de questionar se toda essa carga de informações, regras, disposições, mandatos ou como queiram chamar, que nos impuseram eram certos ou errados, se eram necessários ou não ou, e o mais importante, se faziam sentido para nós. Ninguém questionava abertamente, seja pela falta de argumentos, seja pela total impossibilidade de contestar as figuras de autoridade de então: pais, avós, tios, professores etc. Penso que a expressão "manda quem pode e obedece quem tem juízo", pelo menos para mim, surgiu naquela época.

Obedecer para não ser castigado. Ser bonzinho para ser amado. Ser adequado, bem-educado e estudioso para ser elogiado. Ser homem, forte, determinado, trabalhador, responsável e vencedor. Era assim que tínhamos que ser e ponto final. Muitas exigências externas e, por dentro, a sensação de não conseguir atender às expectativas por falta de condições próprias ou mesmo por não querer. Mas, como na prática não havia escolha, restava sentir raiva e frustração diante da própria impotência ou se conformar com a impossibilidade de expressar a própria individualidade e, assim mesmo, apenas nas raríssimas vezes em que nos ocorria pensar sobre essas questões. Com o tempo, todas essas considerações foram abandonadas e acabamos por forjar nossa personalidade com o objetivo de obter reconhecimento, sucesso e amor, de acordo com os parâmetros estabelecidos externamente. Esta era a fórmula para a felicidade...

Segui, criteriosamente, esse roteiro ao longo da vida. Mas claro que muitas vezes me deparei com situações não previstas no *script* do personagem que criei para mim mesmo. Quando isso acontecia, às vezes descobria uma solução criativa que funcionava, mas no geral me via num beco sem saída, frustrado, abatido e concluía que precisava me esforçar mais e mais para não repetir os mesmos erros, ou então, dava de ombros e tratava de me convencer de que haveria uma próxima vez, uma nova oportunidade, quando então eu me sairia melhor. Acontece que esse raciocínio, na prática, não deu muito certo, esta é a verdade.

Fato é que, com o tempo, um sentimento difuso de insatisfação e irrealização foi corroendo minha autoconfiança e autoestima e, como a vida sempre reflete externamente o que se passa dentro de nós, situações apareceram para me mostrar que havia algo que precisava ser visto e transformado dentro de mim, para ser bem franco. A verdade é que não há mágica, atalho nem dá para tentar "dar um jeitinho" porque cedo ou tarde a realidade se mostra, comumente por meio de crises pessoais motivadas por convicções equivocadas, atitudes inadequadas, hábitos questionáveis, sentimentos destrutivos, emoções violentas etc.

Caso não façamos as correções necessárias, as quais podemos chamar de processo de Autodesenvolvimento, as crises se repetirão com intensidade cada vez maior. Essa é a Lógica da Vida, que nos direciona a fazer as correções e transformações internas, que nos permitirão alcançar, gradativa e constantemente, níveis de Consciência cada vez mais elevados e, assim, evitar as periódicas crises existenciais e o difuso sentimento de irrealização e insatisfação com a vida.

O Autodesenvolvimento, por si só, é um processo resultante de dois componentes que atuam de forma concomitante e integrada: o Autoconhecimento e a Autotransformação.

Começando pelo segundo, a Autotransformação refere-se à purificação do nosso lado sombrio, com nossas falhas, imperfeições e defeitos, tudo o que bloqueia nosso caminho em direção a um nível de consciência mais elevado. A Autotransformação não é, definitivamente, uma tarefa fácil, bem ao contrário. Exige humildade com dignidade, paciência, compaixão por nós mesmos, comprometimento e força de vontade, muita força de vontade.

Por ser também um processo, a Autotransformação requer condições para sua realização. A primeira delas é o reconhecimento do que deve ser transformado, pois sem esta clareza não há como executar uma ação efetiva, o que pode ser óbvio, mas, nem por isso, torna a tarefa mais fácil. Na verdade, identificamos o que precisamos transformar pelo segundo componente, que é o Autoconhecimento. Pode parecer paradoxal que os dois elementos do Autodesenvolvimento dependam um do outro, mas é exatamente o que acontece. A Autotransformação precisa do Autoconhecimento e, ao mesmo tempo, fornece subsídios para que o Autoconhecimento prossiga de forma mais efetiva. Ambos se retroalimentam num processo contínuo, que deságua no Autodesenvolvimento.

A segunda condição da Autotransformação é a autoaceitação com compaixão, que não pode ser confundida com leniência nem autopiedade para consigo mesmo. A autoaceitação sem crítica, sem recriminação, sem julgamento e sem vergonha das nossas falhas e defeitos nos permite prosseguir com a Autotransformação e, claro, com o Autodesenvolvimento, pois crer que não temos solução e que somos caso perdido só traz desânimo e desesperança, que enfraquecem ou mesmo inviabilizam a vontade de mudar.

O terceiro pré-requisito é a autorresponsabilidade que, aliás, é um marco crucial no processo de Autodesenvolvimento. Aceitar o fato de que sempre temos alguma dose de responsabilidade, pequena ou grande, em todos os acontecimentos da nossa vida, nos permite investigar e identificar qual é essa nossa contribuição, ou seja, quais são os sentimentos e a motivação por trás de nossas palavras e atitudes. Estabelecer essa relação de causa e efeito permite reconhecer tanto os padrões de comportamento que acarretam situações indesejáveis para nós, quanto os que nos trazem benefícios. Isso é, funciona nas duas direções.

É importante destacar que, quando reconhecemos e assumimos nossa parcela de autorresponsabilidade, automaticamente eximimos ou, no mínimo, reduzimos a culpa que impomos nas pessoas e, assim, nos libertamos da mágoa e consideramos a possibilidade de perdoar. Sem a autorresponsabilidade, nos colocamos ou no papel de vítimas e injustiçados, ou na posição do rebelde ou do tirano, que confronta e reage, muitas vezes, de forma obstinada e agressiva. Qualquer que seja a escolha, vítima ou rebelde agressivo, o resultado sempre será a não aceitação da verdade e, consequentemente, a impossibilidade de mudar, pois ficamos presos e reativos às situações e pessoas que cruzam nosso caminho.

A autorresponsabilidade permite aprender com os erros cometidos, desenvolver a resiliência e avançar no caminho da Autodesenvolvimento.

Retornando ao primeiro componente do Autodesenvolvimento, que é o processo de Autoconhecimento, repetimos que é ele quem fornece os meios, os instrumentos indispensáveis para que a Autotransformação se processe. Os dois processos, Autoconhecimento e Autotransformação são de tal forma interligados e interdependentes, que se torna até difícil perceber quando um começa ou o outro termina.

Há vários meios e formas de empreender a busca de Autoconhecimento. Mencionarei a seguir aqueles que me foram mais úteis e que, real e comprovadamente, deram um grande impulso e contribuição, não apenas ao meu próprio processo de desenvolvimento pessoal, mas, igualmente, ao de milhares de pessoas, contribuindo para a expansão de Consciência no nosso planeta Terra.

Algumas das técnicas de Autoconhecimento mencionadas a seguir fazem parte da disciplina psicológica espiritual conhecida como Pathwork©. Dificilmente conseguiria traduzir em palavras a importância que o Pathwork© representou para meu próprio processo de Autodesenvolvimento.

Desenvolver o Eu Observador: a maioria de nós se comporta como se estivesse, permanentemente, com o "piloto automático" ligado. Isto significa dizer que atuamos sem ter consciência, de fato, do que pensamos, falamos, sentimos, fazemos e, adicionalmente, sem atentar às mensagens que nosso corpo nos envia como, por exemplo: o ritmo da respiração, uma pressão no peito, tensão muscular, suores e calafrios, entre outras. No "piloto automático", não apenas estamos desconectados de nós mesmos, mas também presos em outra dimensão de tempo – passado ou futuro – e não no presente, que é o único momento em que tudo acontece.

Ao nos deixamos levar pelo hábito ou por conclusões e crenças do passado, reagimos de forma impulsiva e impensada aos estímulos externos, sem atentar ao porquê de fazermos o que fazemos. Nessas condições, somos frequentemente surpreendidos com acontecimentos inesperados, conflitos, reações que julgamos descabidas por parte de pessoas próximas ou até mesmo por situações mais graves, que causam prejuízos significativos. Quando isso acontece, a tendência comum é a de procurar um culpado para nosso infortúnio ou nos colocarmos no papel do azarado e da vítima infeliz. Esta pode ser a conclusão mais lógica e rápida a que chegamos, mas, certamente, não é a verdadeira.

É preciso ter claro que o Eu Observador somos nós mesmos. Ele se manifesta a partir da nossa decisão de atentarmos aos nossos pensamentos e ao porquê de sentirmos e reagirmos de determinada forma. Sem essa decisão consciente, torna-se impossível correlacionar causa e efeito, identificar a verdadeira Motivação que impulsiona nossas ações e compreender nossa autorresponsabilidade pelos acontecimentos, com objetividade, imparcialidade, sem julgamento ou crítica, com o único interesse de identificar o que precisamos mudar em nós mesmos e o que precisamos fazer diferente.

***Diário ou Revisão Diária*[2]:** se não registrarmos todas nossas descobertas, *insights,* intuições e sonhos, todo esse rico e precioso material rapidamente cairá no esquecimento ou no escuro do inconsciente. Com a prática frequente, escrever um diário permite, com o tempo,

---

2 Conforme nomenclatura do Pathwork©.

trazer para o consciente questões antigas adormecidas no nosso inconsciente. Não basta apenas registrar os acontecimentos no Diário, é necessário refletir sobre eles, procurar algum significado que nos tenha passado despercebido e, mais importante, pesquisar as relações de causa e efeito que nos levem a compreender nossa participação nos episódios que vivenciamos.

É extremamente proveitoso e esclarecedor reler, de tempos em tempos, o que está escrito no nosso diário para nos certificarmos do nosso progresso e, talvez, para perceber algo que não havíamos ainda nos dado conta.

Manter um Diário teve e tem um valor inestimável no meu próprio processo de desenvolvimento pessoal e, confesso, nem mesmo sou capaz de quantificar a extensão desse benefício na minha vida.

Meditação: há muitas formas e tipos de meditação, cada uma delas mais apropriada para o que se quer obter: Atenção Plena ou Mindfulness, Meditação Criativa, Meditação para a Cura, Meditação das 3 Vozes (Eu Inferior, Ego e Eu Superior) e muitas outras. Meditar não é fácil, especialmente para alguém racional como eu. Afastar os pensamentos que insistem em desviar nossa atenção é um desafio grande, enorme diria, por experiência própria. Mas com constância, paciência e disciplina, é possível desenvolver uma prática meditativa de qualidade. Como disse, há muitas técnicas de meditação, mas quero tratar daquela que mais funcionou para mim, o que não significa, em absoluto, que outras formas de meditação não sejam boas, quero deixar bem claro esse ponto. Entretanto, é preciso que cada um escolha sua forma de meditar conforme se sinta mais confortável e não porque a maioria a pratique.

Aprendi a meditar como uma ferramenta de Autoconhecimento quando entrei em contato com o Pathwork©, em 1995. Apesar de conhecer e ter praticado outras formas de meditação, considero que a que descrevo aqui como a que mais me ajudou no meu processo de

Autoconhecimento. A técnica é muito simples e acessível para qualquer pessoa, objetiva acalmar a agitação dos pensamentos na mente, da forma que descrevo a seguir:

1) Encontre um local tranquilo para meditar e sente-se no chão, numa almofada ou numa cadeira (minha preferência pessoal). O importante é estar confortável com a sua posição. Procure manter a coluna ereta, mas sem rigidez, os pés em contato com o chão durante toda sua prática;

2) Feche os olhos e preste atenção apenas no ato de respirar. Contar de 1 a 10 cada inspiração e expiração completa ajuda a tirar o foco dos pensamentos. Mas se os pensamentos insistirem em retornar não se aborreça, é normal. Toda vez que sua mente começar a divagar, retorne à contagem da respiração; com o tempo, se intensificam os momentos em que a mente se torna vazia de pensamentos e, a partir daí, a segunda parte da meditação tem sequência;

3) Quando perceber que a mente está mais calma e, portanto, com menos pensamentos, formule uma pergunta sobre algo pessoal para o qual precise de esclarecimento. Seja claro, sucinto e objetivo ao formular a questão, que deve se referir a algo do Presente e é aconselhável escrever a questão antes mesmo de começar a meditar;

4) Após deixar a pergunta "cair dentro de você como se fosse uma gota de orvalho", fique atento para ouvir qualquer resposta que possa emergir na sua mente, mas não fique ansioso nem crie expectativa de resultados imediatos.

Meditar é um processo que se aperfeiçoa com a prática. Com o tempo, aprendemos a distinguir a voz que fala na nossa mente, com suavidade e sabedoria, o que realmente precisamos ouvir, de outras vozes que expressam mandatos, regras, julgamentos e medos. Entretanto, observar também essas outras vozes e quem elas nos lembram é útil para entendermos como influenciam nossos comportamentos e atitudes no dia a dia. Tudo que surge em nosso consciente nos pertence, fala de nós ou de uma parte nossa, portanto merece ser ouvido com atenção e sem críticas, pois pode sinalizar as próximas etapas do nosso processo de Autoconhecimento.

Prece: orar e pedir ajuda para superar uma dificuldade, para ver o que não estamos vendo ou encontrar uma solução para um problema é uma atitude de humildade com dignidade. Aceitar nossa impotência, entregar nossa obstinação a um poder maior, não importa o nome que se dê a Ele, é o passo inicial para se obter auxílio. Nossa forma de rezar e pedir ajuda se desenvolve na mesma medida em que evolui nossa Consciência. Sei disso porque posso comparar a forma pela qual rezava anos atrás com o modo como rezo hoje. Minha mãe, como menciono no capítulo "Espiritualidade", me ensinou a pedir para Nossa Senhora, pois ela me atenderia. Assim sendo, rezava e pedia. Pedia para passar de ano na escola, para que o Fluminense fosse campeão, que aquela menina me desse uma chance, para que as questões do vestibular fossem as que tinha estudado, para saber se devia aceitar ou não uma oferta de emprego, e assim por diante.

Demorei mais de 30 anos para mudar minha forma de orar, mas isso não quer dizer nada, pois pode acontecer de um dia para o outro para qualquer pessoa. Hoje, rezo e peço para ter clareza e discernimento sobre o que preciso mudar, força e disciplina para empreender essa mudança. Mas o que realmente importa é apenas uma coisa: rezar com sinceridade, rezar com o coração e expressar gratidão ao rezar, pois a prece já foi ouvida e atendida. Desse ponto em diante, é necessário permanecer atento para receber a Graça, pois pode chegar rápido, embora não venha acompanhada do manual de instruções, o que significa que é necessário algum esforço da nossa parte para compreender a mensagem.

Solitude: é a capacidade de se sentir bem consigo mesmo independentemente da situação, ou seja, posso estar sozinho sem sentir solidão. O estado de solitude é indispensável para podermos refletir sobre nós mesmos e as situações que vivemos. São nesses momentos de recolhimento, de reflexão interior, de diálogo tranquilo e criativo que podemos observar nossas reações com equanimidade e honestidade. Na solitude, o Eu Observador atua sem obstáculos e sem censura. É o ambiente perfeito para o Autoconhecimento se desenvolver.

Na solitude, basto a mim mesmo, mas na solidão me sinto vazio, sinto falta de algo que não me julgo capaz de obter por conta própria e, por isso, pressiono para que alguém venha preencher esse vazio. Como na maioria das vezes o preenchimento desse vazio não acontece, por uma razão ou outra, a consequência é frustração e sentimentos que retroalimentam a própria solidão.

Momentos de solitude, no entanto, não devem se tornar um hábito a um ponto que leve à alienação e ao afastamento do convívio com as pessoas, fato que, claramente, causaria a estagnação do processo de Autoconhecimento. Como sempre, é necessário encontrar o equilíbrio, o meio-termo, entre extremos opostos de forma a evitar que práticas benéficas percam sua utilidade.

A solidão aprisiona e limita. A solitude liberta e expande.

Terapias: são, inegavelmente, uma grande ajuda no processo de Autoconhecimento. Há momentos em que nos sentimos presos e imobilizados numa determinada questão. Nessas ocasiões, ter alguém que nos ajude a olhar para o problema de forma diferente, de outra perspectiva, pode ser o diferencial que nos permite sair do "atoleiro". A terapia ou psicanálise, seja da linha que for, deve manter essa equidistância, ou seja, oferecer alternativas, estimular a reflexão sobre os comportamentos e atitudes destrutivas, bem como questionar a veracidade das crenças e concepções, mas precisa evitar os conselhos, as soluções prontas ou tentar "salvar" a pessoa. O papel da terapia é o de ampliar a consciência e jamais o de criar dependência do paciente ao terapeuta.

Grupos de Autodesenvolvimento: são um aliado importante na busca de Autoconhecimento e Autotransformação. Primeiro porque num grupo dessa natureza temos a oportunidade de constatar que algo que nos incomoda não é "privilégio" só nosso, outras pessoas podem sentir o mesmo. Observar esse fato retira boa parte do peso da síndrome do "patinho feio", ou seja, crer que só nós somos "defeituosos". Adicionalmente, aprender como outras pessoas lidam e superam suas adversidades e negatividades abre a perspectiva de que podemos fazer o mesmo. A confiança de estar num grupo de iguais estimula a disposição para falar das próprias questões, especialmente aquelas que eram mantidas sob sigilo por vergonha ou medo. Só a abertura para se expor corajosamente já é um passo enorme no caminho da Autoconhecimento e da Autotransformação e, consequentemente, do Autodesenvolvimento.

"Tudo o que se oculta traz mais conflitos do que aquilo que se revela".[3]

Sonhos: antes de dormir, reze e peça para ter um sonho significativo. Sonho significativo é aquele que traz informações sobre nossas questões pessoais, sobre situações que estejamos vivendo no momento e que nos preocupam ou algo similar. É recomendável ter o diário à mão para escrever sobre o sonho, tão logo desperte. Para tanto, é importante, que ao acordar e com o sonho ainda presente na mente, não abrir os olhos de imediato nem fazer movimento de

---

3 Palestra do Guia do Pathwork© 003 – Escolhendo seu destino – A vontade de mudar.

se levantar, primeiro, procure relembrar o sonho por inteiro para retê-lo na consciência. Feito isso, e só então, pegar o diário e descrever o sonho. Ter esse cuidado evita que o sonho possa desvanecer em questão de segundos. Entender os sonhos não é tarefa fácil em virtude da sua simbologia. Ajuda, entretanto, saber que o sonho sempre se refere, integralmente, a quem sonha, por mais estranho e disparatado isso possa parecer. Cabe a nós fazermos as associações entre nossas crenças, emoções e sentimentos em relação aos personagens e à situação em si e, a partir dessas correlações, entendermos mais sobre nós mesmos. Podemos sempre pedir ajuda para compreendermos um sonho, seja pedindo por clareza em nossas orações, seja indagando na meditação ou, diretamente, na sessão de psicoterapia.

A decisão consciente de buscar o Autoconhecimento pela utilização dos meios e recursos que estão a nossa disposição e com uma boa dose de força de vontade visa, naturalmente, à Autotransformação dos aspectos que dificultam nosso Autodesenvolvimento e que nos impedem de atingir níveis de Consciência cada vez mais elevados e em linha com o Propósito Pessoal.

Autotransformação, convém destacar, não significa eliminar, pôr de lado ou esquecer os aspectos indesejados e destrutivos que o Autoconhecimento revelou. Tão pouco pressupõe sobrepor sentimentos e atitudes boas sobre as ruins, porque não é assim que funciona. Autotransformação, como o próprio termo indica, representa transformar organicamente tudo o que é negativo no seu oposto positivo. Por exemplo: fico furioso se não me dão atenção quando expresso minha opinião. Não adianta nada decidir que, a partir de agora, não vou mais ficar furioso ou, pior, que não vou mais expressar o que penso e sinto. Posso até disfarçar minha fúria por algum tempo e em determinadas ocasiões, mas ela continua presente em estado latente até que, um belo dia, vai irromper com mais intensidade. O que resolve, em primeiro lugar, é entender a razão pela qual não ser ouvido causa tanta raiva; em segundo, é preciso identificar em si mesmo o sentimento ou emoção contida nessa situação, que pode ser, por exemplo, a dor da rejeição, do abandono, da humilhação, da injustiça ou da traição. O passo seguinte é testar se de fato o que aconteceu justifica a intensidade dessa reação emocional. Na maioria das vezes, a resposta é não.

Após concluir essas etapas, está tudo resolvido? De novo, não. O que acontece é que agora, com o entendimento e aceitação da razão da nossa fúria, ela vai aos poucos perdendo sua intensidade até desaparecer. Mas, no meio tempo, quando ela ressurgir, não desanime, reconheça-a e, se possível, escolha não ficar furioso. Agora, se quando isso acontecer, você achar graça de si mesmo, aí então a fúria desaparece mais rápido.

A Dra. Edith Eva Eger, em seu livro a *Liberdade é uma escolha*, escreve: "Estamos prontos para mudar quando nos sentimos prontos e dizemos: Até agora eu fiz assim. De hoje em diante, vou fazer diferente".

Sem Autoconhecimento, não há Autotransformação e, sem Autotransformação, o Autoconhecimento se torna um exercício sem significado prático e, consequentemente, o Autodesenvolvimento não ocorre, o Propósito Pessoal não se realiza e a Espiritualidade não se manifesta em nossa vida.

Propósito Pessoal, Autodesenvolvimento, Autoconhecimento, Autotransformação e Espiritualidade são parte de um todo interdependente, interligado e indissociável que se retroalimenta e cuja finalidade, por mais paradoxal que possa transparecer, é manifestar o que já somos em essência.

Tema para Meditação: quem sou eu? Reflita sobre você mesmo(a) tão honesta e objetivamente quanto lhe for possível fazer. Não omita nada ao rever as situações importantes da sua vida e como enfrentou essas situações. Quais foram suas atitudes, sentimentos, reações e as consequências? A partir dessa reflexão, quais são suas conclusões e como você se descreve?

Exercício[4]:

Ter um Diário para registrar as descobertas sobre nós mesmos é uma ferramenta poderosa de Autoconhecimento para possibilitar a Autotransformação. Este exercício servirá também como exemplo do que poderá ser mencionado no seu Diário. Descreva os eventos que lhe trouxeram algum tipo de desarmonia, suas reações e sentimentos relacionados a esses acontecimentos. Não despreze nada achando que é bobagem ou sem importância, pois não é. Tudo que nos sucede tem significado e merece ser considerado. Manter de forma organizada um Diário com essas características permitirá, com tempo e prática, desenvolver a habilidade para perceber os padrões comportamentais que acarretam consequências indesejáveis para você. Ter consciência do que precisa ser mudado (Autoconhecimento) é o primeiro e mais fundamental passo para a Autotransformação e, consequentemente, para o Autodesenvolvimento.

Agora, num momento tranquilo, com calma e paciência, faça o exercício abaixo. Não tenha pressa para terminá-lo, pois mesmo após finalizá-lo você poderá alterar o que for necessário. O único pré-requisito é ser verdadeiro(a) consigo próprio(a).

1) Releia seu relato sobre a Meditação e considerando o tanto que já conhece de si mesmo(a), faça uma lista, com toda sinceridade, relacionando suas qualidades e defeitos. Tudo o que sentir ser verdadeiro.

2) Posteriormente, peça a alguém em quem confia e que lhe seja próximo(a) para dizer, francamente, o que pensa a seu

---

4 Exercício elaborado com base na Palestra 026 – Descobrindo seus defeitos do Guia do Pathwork©.

respeito, incluindo suas qualidades e defeitos. Escreva sobre os principais pontos que a pessoa mencionar.

3) Em seguida, abra seu coração para essa pessoa. Fale dos seus medos, inseguranças, e compare os comentários dessa pessoa com a própria descrição.

4) Quando julgar oportuno, feche os olhos e reflita sobre seu depoimento para aquela pessoa. Tente identificar se há algo de diferente em você. O que poderá ser? Seja objetivo e absolutamente sincero nas suas percepções, sem qualquer julgamento e sem desprezar nada, pois tudo é relevante.

5) Ao final, faça um resumo das suas conclusões e, se for o caso, defina algo que queira transformar ou desenvolver em você e defina como pretende atingir esse objetivo, quais são os obstáculos que precisará vencer e o que fará para transpor esses obstáculos.

ESPIRITUALIDADE

"Mestre, qual é o grande mandamento?
Amarás a Deus de todo seu coração e alma,
e ao teu próximo, como a ti mesmo."
Mt.22.34-40

Religião e Espiritualidade foram temas recorrentes em minha vida, desde sempre. Minha mãe, sem sombra de dúvida, foi a grande responsável para que estas questões despertassem em mim. Para começar, nasci no dia 8 de dezembro, dia de Nossa Senhora da Conceição e, em razão disso, fui consagrado a Nossa Senhora, isto é, Ela se tornou "minha madrinha", condição que minha mãe se encarregou de me recordar a vida inteira: "Ricardo, quando você precisar de qualquer coisa, peça à sua Madrinha". Reconheço que ouvir isso da minha mãe me fazia sentir especial de alguma forma. Afinal, não conhecia mais ninguém que tivesse uma madrinha que fosse uma santa.

A verdade é que sempre recorri a Nossa Senhora nos momentos mais escuros e difíceis da minha vida. Desde criança, rezei diante do retrato que ficava na minha mesa de cabeceira, o mesmo que até hoje tenho, pedindo que Ela me ajudasse e continuei rezando nas décadas que se seguiram. Houve inúmeras situações e momentos em que rezei, pedi clareza e orientação. Tenho a firme convicção de que Nossa Senhora jamais me abandonou. Por isso, meus sentimentos com relação a Ela são de muito amor e profunda gratidão.

No entanto, houve um período da minha vida em que "reneguei" Nossa Senhora. Isso ocorreu em fins dos anos 60, quando eu, aluno da FEA-USP[1], estava totalmente engajado no movimento estudantil contra o regime militar. Nesse período não havia espaço para religiosidade, muito menos espiritualidade. Só contestação contra os arbítrios da ditadura. Meu "distanciamento", entretanto, não durou muito. Ele desapareceu numa noite de verão na praia do Sino, em Ilha Bela, litoral norte de São Paulo. Há cerca de 50 anos as praias da Ilha eram, na sua maioria, desertas e podia-se acampar com tranquilidade e segurança. Naquela noite, deitado de costas na areia, olhava para o firmamento extasiado com a beleza de uma infinidade de estrelas brilhando, que o ar limpo e a inexistência de iluminação nas proximidades me permitiam admirar. A certeza de que todo aquele esplendor só poderia ser a expressão do Criador tomou conta por inteiro de mim e, por um instante, senti como se o céu "crescesse" fazendo as estrelas brilharem ainda com mais intensidade, como que para confirmar a verdade do que estava sentindo. Uma verdadeira Epifania[2]. Minha fé retornou naquela noite e jamais me deixou.

Minha mãe, apesar de católica fervorosa, era uma médium não praticante e vez ou outra tinha algumas manifestações espirituais

---

1 FEAUSP – Faculdade de Economia e Administração da Universidade de São Paulo que, na época, fica na Rua Dr. Vila Nova, quase na esquina da Rua D. Maria Antônia e atrás da Faculdade de Filosofia, também da USP. Em 1968, em plena ditadura militar, ocorreu ali um conflito muito sério entre alunos da Filosofia e FEA e alunos do Mackenzie. Na verdade, entre os alunos do Mackenzie havia muitos membros infiltrados do CCC – Comando de Caça aos Comunistas, que do alto do campanário do Mackenzie atiraram nos "comunistas da USP" que, "armados com coquetéis Molotov", se tornaram presas fáceis do grupo oponente. O conflito não durou muito, haja vista o desequilíbrio patente de forças. Houve feridos entre os estudantes da USP. Do lado do CCC, havia dois estudantes do Mackenzie que conheci muito bem, pois ambos foram meus colegas na Escola Caetano de Campos. Aliás, fui vítima de bullying por parte de ambos que não se conformavam por eu jogar muito melhor futebol do que eles. Futebol e Vôlei. Aliás os dois não jogavam nada!

2 Epifania, do ponto de vista filosófico, significa uma profunda sensação de realização, no sentido de compreender a essência das coisas. Significa também ter uma revelação ou inspiração divina, que ocorre em momentos específicos e que trazem soluções ou esclarecimentos para questões complexas. Fonte: Dicionário Caldas Aulete.

que eu era incapaz de compreender e que me deixavam, sempre, muito assustado. Ela também gostava de jogar as cartas do Tarot e, devido a sua mediunidade, a leitura que fazia das cartas era bastante reveladora. A diversidade de alternativas metafísicas, digamos assim, que minha mãe me apresentava teve um efeito bastante positivo, já que me tornou uma pessoa com total aceitação e respeito pelas diversas correntes religiosas. Tanto assim que, apesar de ter crescido sob a influência da Igreja Católica Apostólica Romana, transitei pelo Espiritismo e pelo Budismo Tibetano, mas hoje não tenho vínculo com qualquer Religião, o que não me impede de ter meus próprios ritos, além de manter uma profunda fé em Deus e, claro, em Nossa Senhora.

A diferenciação entre Religião e Espiritualidade, que hoje faço, se iniciou nos primeiros anos da década de 90. Nessa época passava por uma grande crise profissional; havia deixado a empresa da qual era um dos sócios, numa decisão absolutamente emocional e, portanto, despida de qualquer planejamento prévio.

Por cerca de cinco anos, minha vida profissional foi errática. Fui sócio em outra "startup" de Tecnologia da Informação na qual não acreditava muito, fui consultor de empresas sem grande entusiasmo e nenhuma dessas tentativas deu certo, nem poderia, pois minha preocupação maior não era encontrar uma atividade adequada ao meu perfil, mas sim voltar a ter uma atividade profissional, qualquer que fosse, pois não ter nenhuma era como uma confissão de incompetência, preso que estava no medo do julgamento que as pessoas poderiam fazer a meu respeito. Com uma Motivação distorcida, não há como chegar ao lugar certo.

Nesse período confuso da minha vida profissional, participava bastante das atividades da Paróquia da Granja Viana, dava palestras no curso de noivos, ministrava a Eucaristia nas missas de domingo e rezava, rezava muito, pedindo para que me fosse mostrado um caminho profissional para seguir. Claro que fui atendido! Só que de uma forma inusitada e num *timing*[3] bem diferente do desejado. Aliás, naquele período não tinha a menor ideia de que "há um tempo certo para tudo", e que esse "tempo certo" pode não coincidir com o tempo que desejamos ou "precisamos".

A mudança, surpreendentemente, começou quando um numerólogo, de nome João Endo, elaborou meu mapa Numerológico e abriu minha cabeça para assuntos até então desconhecidos: Anjos, Alma, Consciência, Caminho do Destino e muito mais. Minha primeira sensação foi a de me deparar com um conhecimento que sempre esteve presente e à minha espera para despertar. Me senti como que no limiar de um novo caminho e o entusiasmo que percebia em mim, no meu corpo, reforçava essa impressão. Sabia, intuitivamente, que tinha encontrado, finalmente, uma direção e que não teria mais como retroceder, assim sendo; segui em frente com muita disposição.

Da Numerologia passei para a Angeologia, Ufologia, Astrologia, Animismo e tudo me parecia fazer sentido e se complementar; até que, em 1995, por indicação de uma amiga médica, entrei em contato, pela primeira vez, com uma disciplina conhecida como Pathwork©[4]. Posso garantir que, a partir desse encontro, minha vida mudou em muitos sentidos – afetivo, pessoal e profissional. Simultaneamente, me afastei da Religião, enquanto instituição, conceito e rito e me aproximei, mais e mais, do que entendo ser Espiritualidade.

---

3 Numa tradução livre: adequação do tempo necessário para exercer, executar, uma dada atividade.

4 Pathwork© é uma disciplina espiritual contemporânea, baseada nos ensinamentos contidos em 258 palestras que foram transmitidas por uma entidade espiritual desencarnada, de enorme sabedoria, que se autointitulava como o Guia. A transmissão se deu por intermédio de um canal chamado Eva Pierrakos, que vivia nos EUA, no período de 1957 até 1979. O objetivo do Pathwork© é o de ampliar nossa Consciência, mediante um profundo processo de autoconhecimento e autotransformação com base em conceitos psicológicos, atuando nos aspectos que limitam nossa capacidade de expressar os sentimentos mais elevados, como o amor sem restrições e condições, com relação a toda manifestação de Vida. Maiores informações podem ser obtidas nos seguintes endereços:
International Pathwork Foundation: www.pathwork.org / Pathwork Brasil: www.pathworkbrasil. com.br / Pathwork São Paulo: www.pathworksp.com.br

O termo Espiritualidade comporta várias interpretações, sendo que a maioria está associada às religiões como, por exemplo, Graça, Iluminação, Beatitude, Santidade, Misticismo, entre outras.

Quero, entretanto, dentro do contexto a que este livro se propõe, conceitualizar Espiritualidade como sendo, em primeiro lugar, o reconhecimento de que a Vida não é um mero acontecimento, pois tem uma razão de ser, um sentido, que transcende a ela própria, ao qual podemos dar o nome de Propósito, que significa atingir o nível de Consciência mais elevado a que estamos predestinados a alcançar, em algum ponto da nossa trajetória existencial, quando seremos capazes de manifestar o *Amor sem condições e sem restrições*.

Em segundo lugar, considerar que Espiritualidade se refere à manifestação desse mesmo Propósito e, por esse motivo, requer nosso firme compromisso com o Autodesenvolvimento, ou seja, com os processos de Autoconhecimento e Autotransformação dos nossos sentimentos e comportamentos distorcidos e negativos, pois, caso contrário, será impossível ampliar nossa Consciência até podermos manifestar nossa verdadeira natureza, nossa Essência Divina ou Eu Real.

Espiritualidade, por último e principalmente, significa colocar em prática, no nosso dia a dia, em todas as áreas de nossas vidas e em todas as situações, o resultado desta evolução de Consciência, que se reflete na nossa forma de pensar, na nossa comunicação e na expressão de sentimentos mais elevados em todas nossas interações, atitudes e comportamentos, ou seja, tudo o que promova a aceitação das diferenças, a tolerância, a fraternidade e a união, em última instância.

Acreditar que é preciso estar pronto e ser perfeito, para só então expressar essa "perfeição", é um equívoco, uma armadilha e um autoengano. Espiritualidade se pratica a todo momento vivendo, sendo resiliente, errando e aprendendo com os erros, sem críticas e sem castigos, mas se aperfeiçoando com as experiências. Espiritualidade, portanto, é tanto processo quanto o resultado do próprio processo, que se retroalimentam entre si de forma sustentável, já que são interdependentes.

Temos então, em resumo, que o Propósito Pessoal, a razão de existirmos, consiste em manifestar o mais elevado nível de Consciência. A Espiritualidade, por sua vez, é a decisão consciente de pautar todas as atitudes e comportamentos de acordo com esse nível de Consciência mais elevado que vai sendo, gradativamente, conquistado. A prática da Espiritualidade é que nos leva a ser éticos e íntegros em tudo que fazemos e a ter a responsabilidade de promover sempre a justiça, a verdade e o bem coletivo. O terceiro elemento que une o Propósito Pessoal e a Espiritualidade é o Autodesenvolvimento, que para acontecer depende do Autoconhecimento e da Autotransformação, como já tratado anteriormente.

Propósito Pessoal, Espiritualidade e o Autodesenvolvimento formam um todo harmônico, interdependente e indissociável, que determina nosso caminho e nossa forma de caminhar pela Vida.

Tema para Meditação: qual é o significado de Espiritualidade para mim?

Exercícios: reflita e responda às seguintes questões:

1) O que você tem consciência de já ter transformado em você?

2) Como esta transformação se refletiu nas suas atitudes e ações?

3) Como você se sente com você mesmo(a), após ter incorporado essa nova forma de ser no seu dia a dia?

4) As pessoas perceberam essa mudança em você? De que forma? O que comentaram?

5) Qual é o aprendizado que você pôde obter dessa experiência? Esse aprendizado foi útil em outras situações?

6) Reflexão: espiritualidade é colocar em prática o amor, a ética e os princípios na vida cotidiana e em tudo que pensamos, falamos, sentimos e fazemos. Entretanto, nossos hábitos e crenças, na maioria das vezes, profundamente arraigados, fazem com que seja muito difícil lidar com as questões do mundo. Assim sendo, é necessário estar permanentemente consciente dos nossos comportamentos e as consequências que deles resultam, ou seja, da nossa Autorresponsabilidade. Sem esta atitude e sem a atenção plena, não há Autodesenvolvimento e, consequentemente, a Espiritualidade não é praticada nem o Propósito se realiza.

Diante dessa reflexão, qual é o compromisso que você pode firmar consigo mesmo(a) e o que você pretende fazer para realizá-lo? Você pode antever as dificuldades que terá que enfrentar e de que forma pretende superá-las?

A "NOSSA LÓGICA"
E A LÓGICA DA VIDA

"Você quer que o pé se molde ao sapato,
e não o sapato ao pé!"
Darc

"Nenhum problema pode ser resolvido
pelo mesmo estado de consciência que o criou."
Albert Einstein[1]

"The world might not be what we think it is."[2]
Gary Zukav

"A vida vem em ondas, como o mar."
Vinicius de Moraes[3]

Confesso que, quando decidi tratar do Propósito, Espiritualidade, Autodesenvolvimento, Autoconhecimento e Autotransformação, pretendia, de início, desenvolver cada um desses
conceitos fundamentais como uma etapa específica de um processo
mais amplo. Pensei, ainda, que deveria demonstrar a ordem em que

---

1 In Einstein o enigma do universo, de Huberto Rohden, Martin Claret Editores, São Paulo, Brasil, 1993.

2 Numa tradução livre: "O mundo pode não ser o que pensamos que é". Frase do livro *The Dancing Wu Li Masters*, de Gary Zukav, Morrow Quill, New York, USA, 1979.

3 A frase consta da música "Como uma Onda", de Lulu Santos, no entanto, primeiramente, aparece no poema-canção de Vinicius de Moraes, Por que hoje é sábado. Aliás, o próprio Lulu Santos reconhece o fato.

cada uma dessas etapas ocorre para que o processo, como um todo, se conclua de forma lógica e racional. Imaginei, ainda, que, ao organizar dessa forma, tornaria a compreensão de um assunto complexo bem mais fácil. Pelo menos era essa minha intenção, habituado ou condicionado que sou em dividir os projetos nas suas partes para entender como cada etapa interage com a seguinte e, assim sucessivamente, até a conclusão do processo, incluindo os resultados a serem obtidos. Acreditar que é assim que as coisas funcionam, numa sequência lógica e linear, sempre me trouxe bastante tranquilidade e conforto intelectual.

Comecei então, bem confiante, a desenvolver os temas tendo em mente esse roteiro familiar, porém, aos poucos, fui entrando em pânico pois percebi que minha linha de raciocínio não "fechava", já não fazia muito sentido para mim e, assim sendo, certamente, não faria para mais ninguém. Fiquei bastante confuso com a situação e até pensei em desistir. Afinal esse é o primeiro livro que escrevo e não tenho nenhuma experiência em como lidar com bloqueios de "criatividade", se é que posso chamar assim.

Felizmente e para meu alívio, durante minha meditação da manhã no dia seguinte, ouvi com clareza a primeira frase em epígrafe que resume, com simplicidade e bom humor, como as ideias preconcebidas podem nos dar "conforto intelectual", mas podem também, e normalmente o fazem, limitar enormemente nossa percepção dos fatos e até mesmo distorcer o entendimento correto da realidade.

Tentamos, de fato e por comodismo, interpretar a realidade da Vida segundo nossa lógica e não como a Vida realmente se revela. Desqualificamos ou desconsideramos tudo que não se "encaixa" dentro da nossa compreensão limitada e perdemos a chance de aumentar nossos conhecimentos e ampliar nossa Consciência. O certo seria, quando algo não faz sentido, se questionar: "O que não estou percebendo? Haverá outra forma de abordar essa questão? Será que preciso rever algum conceito? Preciso procurar ajuda?"

A resposta, muitas vezes, poderá vir de outra dimensão, seja por meio de uma meditação, seja pela intuição. A segunda epígrafe, de autoria de Albert Einstein, trata exatamente deste aspecto.

A sensação de desconforto que sentia me levou a rever meus conceitos e à conclusão de que não é correto tratar do Propósito, da Espiritualidade, do Autodesenvolvimento, do Autoconhecimento e da Autotransformação como processos independentes e separados, que ocorrem em instantes distintos, ainda que se correlacionem entre si. A resposta me veio na forma de um *insight,* que esclarece que esses elementos são, a um só tempo, processos independentes e processos integrados, ou seja, são partes que evoluem separadamente, mas ao se correlacionarem e ao trocarem informações entre si, retroalimentam e atualizam todos os elementos do conjunto e promovem sua evolução integrada e simultânea. Trata-se de um processo dinâmico e instável, em contínua expansão, no qual momentos de equilíbrio e desequilíbrio se sucedem para garantir seu movimento e crescimento. Adicionalmente, esse processo pode ser medido, avaliado e mesmo praticado, independentemente do estágio de desenvolvimento em que se encontre, pois é um processo contínuo e sem previsão de término.

No contexto do desenvolvimento pessoal, podemos denominar esse processo, interdependente e em permanente evolução, de Processo de Conscientização ou de Autodesenvolvimento, que é como vinha denominando até aqui. Todo esse emaranhado interconectado pode parecer paradoxal, e de certa forma é, mas apenas para quem foi condicionado a pensar de uma maneira cartesiana e mecânica, como foi o meu caso e de muitos outros.

Outro aspecto desse Processo de Conscientização, já mencionado, é que suas partes se retroalimentam, o que significa que a ação de uma parte sobre as demais altera o próprio processo, a ponto de até poder lhe conferir uma nova direção ou mesmo um outro objetivo.

Admitir que toda e qualquer ação, atitude ou comportamento da nossa parte gera consequências para nós, não significa apenas reconhecer os efeitos da Lei da Causa e Efeito, mas demonstra o funcionamento do processo descrito acima e a importância que a Autorresponsabilidade tem para o Autodesenvolvimento, inviabilizado que este último seria, pela culpabilização de terceiros e pela nossa própria vitimização.

Quanto maior for a Consciência de nós mesmos, tanto mais fácil e rapidamente nos será possível correlacionar o efeito à causa que lhe deu origem. Nos níveis mais elevados de Consciência, Causa e Efeito ocorrem instantaneamente, portanto não é possível separar o efeito da causa e vice-versa, tampouco dividir o processo em etapas. Se não há deslocamento de um ponto para outro, não há como medir a passagem do tempo. Portanto, tudo acontece apenas no momento presente, passado ou futuro deixam de ser referência.

É mais fácil entender esse conceito se consideramos, por exemplo, que o nível de Consciência de um indivíduo só pode ser avaliado no momento presente pois, em uma hora, amanhã ou no mês que vem, seu nível de consciência já deve ter mudado, fruto de novos conhecimentos, percepções ou da transformação de concepções equivocadas que tenha feito. Portanto, o futuro é uma probabilidade que depende da realidade que se apresenta no momento presente.

E o passado? O passado se constitui de memórias e do registro dos eventos e acontecimentos que narram nossa trajetória de vida e os aprendizados que definiram nossa individualidade. Entretanto, em termos de Consciência, o passado pode já não ter mais nenhum significado, se novas experiências e novos conhecimentos adquiridos derem novo significado aos acontecimentos pretéritos. Esse fato se aplica a toda e qualquer situação, seja um conflito de relacionamento, um trauma da infância ou a interpretação de algum evento, por exemplo.

Portanto, o passado pode ser "simplesmente cancelado" e só se manterá "vivo" no presente se ainda validarmos as conclusões e julgamentos que fizemos lá atrás. É como se olhássemos, ainda hoje, nossa vida com o olhar de quando éramos crianças e com os mesmos sentimentos. Nessas condições, naturalmente, há uma quase certeza de que os conflitos e crises da infância se repitam ainda hoje. No entanto, serão exatamente estas recorrências que nos impulsionarão a reconhecer, rever e transformar as conclusões errôneas em outras, mais condizentes com a realidade da Vida. Toda vez que conseguirmos isto, elevaremos nosso nível de Consciência.

A Vida segue, independentemente da nossa vontade ou disposição, essa é que é a verdade. Se dependesse apenas de nós, tentaríamos permanecer na nossa "zona de conforto", isto é, nos livrando o quanto antes de tudo que represente dor e sofrimento e nos apegando ao que nos dá prazer e satisfação. Simples assim! Só que na prática essa estratégia funciona só por algum tempo, pois é certo que chegará um momento em que ou ficamos insatisfeitos com nós mesmos diante da nossa inércia e decidimos nos mexer ou, o que é mais provável, algum evento externo nos obrigará a fazer as transformações necessárias. Portanto, a Vida, com sua lógica, só tem um objetivo: nos direcionar para níveis de Consciência cada vez mais elevados.

Podemos não entender ou mesmo não gostar, nem aceitar a Lógica que a Vida tem. É uma questão de Livre-arbítrio. Entretanto, na prática, a única escolha possível é a do momento em que vamos renunciar ao nosso controle, sair da "zona de conforto" e enfrentar o desafio de crescer.

"Livre-arbítrio não significa que podemos estabelecer o currículo. Significa apenas que podemos escolher o que queremos aprender em um determinado momento"[4].

---

4 Introdução do livro *Um curso em milagres*, Foundation for Inner Peace, Glen Ellen, CA, USA, 1994.

Reflexão: Ciclos

A Vida nos oferece inúmeros exemplos de acontecimentos que ocorrem independentemente da nossa vontade, mas com poder de influir e até mudar o rumo das nossas vidas. Esses episódios, que se inserem na "Lógica da Vida", visam nos tirar da "zona de conforto" e nos impulsionam a dar um passo à frente e acima, se assim o desejarmos, claro.

Chamamos de Ciclos, os movimentos que se repetem, segundo certa periodicidade. Ciclos são percebidos no universo, na natureza, na sociedade, nos países, na economia, bem como em nossas próprias vidas, seja em termos de relacionamentos, atividade profissional, desenvolvimento intelectual e emocional, ou no nosso próprio corpo físico.

Todos nós passamos por ciclos de expansão, de conquistas e crescimento em diferentes áreas de nossas vidas; enfrentamos também, inevitavelmente, fases de contração, estagnação e até depressão, quando nos sentimos confusos, perdidos e sem perspectivas futuras; em seguida, vivemos a fase na qual somos levados a refletir, avaliar e compreender as razões que nos levaram a viver o difícil período anterior; finalmente, após entender e aceitar a parcela de responsabilidade que nos cabe pela crise vivida, incorporamos os ensinamentos, nos revigoramos de energia, fazemos novos planos e vamos em busca da realização. Iniciamos mais um ciclo de expansão e desenvolvimento.

Estas quatro fases, de modo geral, se repetem na maioria dos Ciclos com os quais nos deparamos ao longo da vida.

A duração de um Ciclo pessoal decorre, diretamente, do tempo que demorarmos em atender ao que nos é solicitado, seja transformar um comportamento negativo, seja desenvolver e praticar uma qualidade positiva. Assim sendo, não adianta tentar abreviar ou estender a duração de um Ciclo, apenas como um ato da vontade por gostar ou não gostar do momento em que se vive.

Não vai funcionar. Se finalizarmos um Ciclo, prematura e arbitrariamente, ficaremos energeticamente presos a ele até que sua duração chegue naturalmente ao fim e isto só vai acontecer após concluirmos tudo o que o "Ciclo programou para nós". Podemos até ter a ilusão de termos "acertado tudo" e seguir adiante, mas os fatos difíceis e as crises vão retornar com mais intensidade para nos mostrar que algo ficou faltando. E isso se aplica à situação inversa: o ciclo já se encerrou, mas relutamos em prosseguir e continuamos a "viver" na zona de conforto, seja por comodismo, medo de enfrentar o novo ou pelo motivo que for. Quando isto ocorre, nada acontece, não andamos, não evoluímos, pois estamos presos ao que já passou. Tornamo-nos apáticos, desanimados, desenergizados. Estagnamos.

Tema para Meditação: procure primeiro identificar seu momento atual. O que vem acontecendo com mais frequência? O que te incomoda? O que te dá satisfação? Quais são as consequências dessas situações ou episódios que vêm se repetindo? Como você responde emocionalmente a essas situações?

Agora, feche os olhos e peça orientação para entender o que esse momento ou esse Ciclo significa e o que ele lhe pede para fazer.

Mais perguntas para entender e refletir sobre seus Ciclos

1) Sinto que um Ciclo se encerrou, as coisas não estão fluindo, pois ainda me vejo "preso(a)" a ele.

   O que me impede de seguir em frente? Estou com medo de mudar? Sinto-me inseguro(a)? Não sei o que fazer em seguida? Temo que algo possa me acontecer se eu encerrar este Ciclo? Há algum aspecto que ainda não compreendi e que tem relação com este Ciclo? Deixei de completar alguma coisa? O que eu preciso soltar, me desapegar, deixar ir embora?

2) Em contraposição, estou pronto para iniciar um novo Ciclo quando:

Sinto-me energizado(a), confiante e pronto(a) para dar um passo à frente? Sei o que quero fazer e onde quero estar? Tenho planos que quero concretizar? "Não vejo a hora de sair e fechar a porta atrás de mim"?

PARTE II
A PRÁTICA

INTEGRIDADE

"Eu traio você para não me trair, e ao agir assim
me torno mais digna da sua confiança."
Oriah Mountain Dreamer[1]

"O primeiro passo é ser honesto para consigo mesmo,
e isso significa ser livre."
Sônia Café[2]

Há várias definições para a palavra integridade, sendo que a maioria delas associa o termo à inteireza, idoneidade, caráter inquestionável, retidão nos julgamentos e comportamentos, imparcialidade e justeza.[3] Ou seja, *Integridade*, segundo sua definição mais frequente é quase que sinônimo de Ética. Nada a questionar quanto a isso.

Acredito, entretanto, que possamos ampliar e, de certo modo, aprofundar a definição de *Integridade* encontrada no dicionário e acrescentar-lhe mais um significado, sem que isso represente qualquer discordância ou conflito com a descrição encontrada no "Houaiss", principalmente no que diz respeito à Ética. Assim sendo, adiciono o seguinte significado para *Integridade*: é a coerência ou

---

1 Citação no livro *O convite*, Editora Sextante, 2000.

2 Em *Meditando com os anjos, o anjo da honestidade*, Editora Pensamento, 1999.

3 Dicionário Houaiss da Língua Portuguesa, Editora Objetiva, 2009.

consistência entre o que penso, falo e sinto, com tudo o que faço, de como me comporto e posiciono. Em inglês, há uma expressão muito prática e simples que resume a ideia: *"Walk your talk"*[4].

O pré-requisito para ser íntegro é aceitar o desafio de ser sempre honesto e verdadeiro consigo mesmo o que convenhamos, é uma tarefa e tanto. Se não sou verdadeiro comigo, não serei com ninguém mais. Mas o que é ser honesto, verdadeiro ou fiel a si mesmo? É ter a prontidão e a força para expressar tudo em que acredito, não porque me ensinaram, disseram que era o certo, li em algum lugar ou aprendi em algum curso, mas sim porque eu mesmo cheguei a esta conclusão, por conta própria, após refletir e sentir na própria pele as consequências das minhas escolhas e decisões.

Não que pretenda minimizar a importância de tudo que me ensinaram, mostraram e aconselharam (ou mandaram) fazer. Não, não é isso! Quero dizer que o importante é questionar e validar tudo o que recebemos de fora, seja lá o que for, com nossa própria experiência, nossa verdade interior ou a nossa intuição.

Muitas vezes, não sabemos definir, explicar ou justificar o porquê de uma certeza com palavras ou racionalmente, mas isso não deve ser motivo para desacreditar a sensação que nasce do nosso íntimo e aflora à nossa consciência como uma voz suave, mas perfeitamente audível. Confrontar um hábito arraigado ou um mandato vindo de uma autoridade não é fácil, porém é necessário, especialmente se queremos ter melhor discernimento e ampliar nossa consciência. Essa é a única e verdadeira maneira de sermos íntegros e conquistarmos nossa Autonomia.

Nosso corpo, se aprendermos a "ouvi-lo", pode se tornar o grande aliado nas nossas decisões. Uma escolha correta, que beneficie a todos os envolvidos ou que não prejudique ninguém, nos dá tranquilidade, harmonia e nosso corpo "relaxa em paz". Se, ao

---

4 A expressão *"Walk your talk"*, numa tradução livre, significa: "seguir o meu discurso, pôr em prática o que falo ou, por extensão, fazer aquilo que eu mesmo prego e acredito".

contrário, a decisão não for adequada, este fato, igualmente, se refletirá no nosso corpo como um desconforto, uma pressão no peito, ansiedade ou outro sintoma. O corpo "sinaliza" quando há algo que precisamos perceber, por isso é importante estar atento e aprender a interpretar suas mensagens.

Se a Ética é inquestionável e absoluta, no sentido de que é imutável, definitiva e universal, a Integridade, por outro lado, é relativa. Ela reflete a verdade de cada um em um dado momento, o que não significa ser perfeito, mas sim ser coerente com relação às suas crenças e atitudes. Portanto, como a Vida e as experiências correspondentes são sempre renovadas e estão em permanente movimento, consequentemente, podemos mudar nossa forma de pensar, de falar e de nos comportar em decorrência do nosso processo evolutivo e sem que isso signifique deixar de lado a Integridade que, naturalmente, se ajusta a cada nível de Consciência que alcançarmos.

A Integridade é o pilar sobre o qual construímos nossa reputação, nossa credibilidade, nossa marca pessoal, por assim dizer. É, claramente, a principal qualidade que todo líder deve apresentar. Não conheço ninguém que, conscientemente, queira seguir um líder sem Integridade, salvo se, claro, esse liderado não tiver, igualmente, nenhum compromisso com a própria Integridade.

Um "parêntesis": Integridade, Autonomia ou Autoridade Interna e Autoconfiança são elementos correlacionados. Cabe enfatizar, entretanto, que Autoconfiança não deve ser confundida com Autoafirmação, pois são qualidades completamente diferentes. A Autoconfiança nasce de um processo de aprendizado e de capacitação que foi vivenciado, experimentado e, não raro, comprovado por tentativa e erro, como já mencionado anteriormente. A Autoafirmação, por outro lado, pode ser uma estratégia do ego para esconder uma incapacidade ou mascarar uma insegurança e, assim, conseguir se destacar e granjear admiração, seus maiores objetivos. Tanto assim, que fracassar neste intento resulta em grande frustração e até mesmo sofrimento.

A Autoafirmação, nesses termos, não se sustenta a longo prazo, pois falta-lhe inteireza, é uma pseudossolução criada pelo nosso ego para se defender ou obter reconhecimento.

Roberto, hoje, é um empresário de sucesso no segmento de eventos gastronômicos de altíssima qualidade e requinte. Mas nem sempre foi assim. Até chegar nesse ponto, o Banqueteiro acumulou uma série de insucessos e frustrações nos seus empreendimentos que, simplesmente, não decolaram por uma razão ou outra, jamais porque a qualidade do cardápio não fosse boa, o ambiente dos restaurantes pouco convidativo ou a localização inadequada. Ao contrário, tudo sempre foi feito com muito esmero, cuidado e qualidade, pois Roberto é, e sempre foi, muito talentoso no que faz, além de ter uma personalidade acolhedora que procura sempre oferecer o seu melhor para que todos se sintam bem, satisfeitos e felizes, o que torna, praticamente, impossível não se encantar ou gostar dele.

Mesmo com talento, competência e condições favoráveis, por qual razão, ou por quais motivos, tantos empreendimentos, projetos ou mesmo carreiras não dão certo ou demoram a deslanchar? Essa é uma questão frequente e recorrente, e eu mesmo já passei por experiências de insucesso mais de uma vez ao longo da minha vida, seja como executivo, empresário ou mesmo como indivíduo. Já me fiz essa pergunta inúmeras vezes. Para ter um vislumbre da resposta, confesso, precisei de muita assistência de pessoas, ajuda espiritual e, claro, passar por muita dor e sofrimento até encontrar o fio da meada.

Razões práticas, objetivas, concretas, científicas ou empíricas para o fracasso sempre existirão e não faltarão pessoas prontas para dar explicações de forma muito lógica e coerente. Entretanto, se tudo fosse tão racional e óbvio, por que então nos esquecemos de consultar o manual de instruções, por que não demos ouvidos aos conselheiros, aos consultores, aos professores, ao nosso pai ou mãe, nossa mulher ou ao amigo do peito?

Aprendi que os eventos externos de qualquer natureza, importância, intensidade ou frequência, refletem nossa realidade interior, ou seja, tudo o que pensamos, acreditamos ou sentimos influenciam a qualidade dos nossos comportamentos. Como já mencionei, nosso grande desafio é correlacionar causa e efeito, isto é, entender o que dá origem às nossas atitudes improdutivas e ineficientes. Entretanto, esta compreensão só virá mesmo quando estivermos preparados para aceitá-la da forma que se apresentar e, ao mesmo tempo, dispostos a fazer as mudanças interiores necessárias. Este é nosso "ponto de inflexão", a partir do qual novas perspectivas se abrem à nossa frente.

Muitas vezes, ou quase sempre, este ponto só é atingido após vivenciarmos uma sucessão de situações frustrantes, decepções e resultados indesejados, em consequência da nossa insistência obstinada em praticar as mesmas velhas certezas. Mas cedo ou tarde, inevitavelmente, nos rendemos à evidência dos fatos e decidimos mudar. Quem não terá passado, por exemplo, por uma experiência na qual a ansiedade em obter aprovação, aceitação ou amor de alguém o fez ser tão intenso, exigente e exagerado, nas suas atitudes ao ponto de colher exatamente o oposto do que pretendia? Ou seja, ao invés de ser aceito e aprovado, ao final, foi rejeitado ou abandonado.

Volto agora para Roberto, o banqueteiro de sucesso. Suas atitudes e decisões visavam, em primeiro lugar e na maioria das vezes, agradar às pessoas, fazê-las felizes com seu cuidado e atenção. No fundo, o que o empresário-gastronômico ambicionava era ser aceito, reconhecido e querido pelas pessoas, pois é isso o que lhe dá significado e a sensação de valor pessoal. Pensando assim, Roberto não economizou nos sacrifícios pessoais e na renúncia das próprias necessidades para atender e priorizar as expectativas das pessoas ou para não desagradar ninguém.

Roberto, como acontece com muitas pessoas, no afã de agradar e de receber reconhecimento, se descuidou de aspectos importantes dos seus negócios como, por exemplo: foi leniente na gestão das pessoas, subvalorizou o preço justo dos seus serviços, não transmitiu para sua equipe seus objetivos e metas com clareza e firmeza, enfim, evitou tudo o que pudesse representar, de alguma forma, conflito, rompimento e o risco de não ser aceito.

Desagradar ou decepcionar as pessoas, em alguma medida pode ser inevitável se pretendemos ser honestos e verdadeiros conosco e decidirmos seguir nossos princípios, verdades ou nossa intuição. A questão não se trata tanto de estarmos certos ou errados, mas se estamos mantendo nossa Integridade, nossa coerência interior e seguindo nosso coração.

Não há nada de errado em mudar de opinião, em alterar comportamentos ou substituir ou reformar verdades, até então definitivas, em decorrência de novas condições, percepções ou conhecimentos. A Vida é movimento, mudança e evolução e a nossa consciência deve se ajustar às transformações que o mundo nos impõe; caso contrário ficaremos para trás, defasados e, pior, desinteressados de participar do processo evolutivo.

Tema para Meditação: feche os olhos e traga a questão da Integridade para sua consciência. Observe, simplesmente, tudo o que lhe vier à mente sem julgar, sem negar e sem se apegar a nada. Fique atento às sensações que perceber no seu corpo, quaisquer que sejam, não tente entender, julgar ou explicar nada. Apenas perceba.

Quando julgar que é suficiente, abra os olhos, pegue seu caderno de anotações e descreva o que sua meditação lhe trouxe.

Reflita e responda

1) Em que situações sei que sou fiel a mim mesmo(a), independentemente de agradar ou não a alguém? Tome ao menos uma situação e tente se lembrar de tudo o que aconteceu.

2) Em que situações não consigo ser fiel a mim mesmo(a)? Por quê? O que me leva a ser negligente comigo? O que pretendo conseguir ou evitar agindo dessa forma?

3) Há algum acontecimento no meu passado no qual também desisti das minhas necessidades em benefício de outra pessoa? Tente reproduzir como tudo aconteceu na época, a situação em si, a(as) pessoa(as) envolvida(as), quais eram seus sentimentos após o ocorrido e as consequências que decorreram.

4) Qual ou quais medos me levam a ter comportamentos e atitudes que conflitam com o que acredito? Dê nome a esse(s) medo(s). Exemplos: medo de ser rejeitado, desconsiderado, traído, abandonado, injustiçado, humilhado etc.

5) Tenho consciência de que, quando não sou verdadeiro(a) e honesto(a) comigo mesmo, também não sou honesto(a) e verdadeiro(a), em alguma medida, com as outras pessoas? Há algum exemplo de situação em que esse fato se aplique?

SER RECONHECIDO

*"Devemos escolher o reconhecimento alheio
ou o caminho da liberdade sem reconhecimento?"*
Alfred Adler[1]

Eu, assim como a maioria dos meninos da minha geração, recebi uma educação bastante rígida do meu pai. Sim, do meu pai, pois no início dos anos 50 quem educava os filhos homens era o pai. Às mães cabiam, além de cuidar dos afazeres domésticos, ensinar e preparar as filhas para serem boas esposas, mães e donas de casa e, adicionalmente, tentar compensar a falta de afetividade e carinho que os pais, na maioria das vezes, não davam para os filhos homens, temerosos de que se tornassem preguiçosos, "frouxos" ou que "não dessem em nada".

As cobranças para que fosse bem na escola eram permanentes, tanto assim que frequentemente me lembravam das medalhas que uma prima, que morava no Cosme Velho, Rio de Janeiro, recebia em virtude do seu bom aproveitamento, ao passo que eu, até então, não havia recebido nenhuma. Aliás, uma das maiores vergonhas que me lembro de ter sentido foi quando fiquei de segunda época, em recuperação de Matemática, no 2º ano do ginásio, o equivalente hoje à 7ª série do Ensino Fundamental. Lembro-me, até hoje, do

---

1 Médico, psicólogo e filósofo, nascido em Viena, Áustria, 7/2/1870 e falecido em Aberdeen, Escócia em 28/5/1937, é reconhecido como fundador da Teoria do Comportamento Individual e precursor da Psicologia Positiva.

meu choro compulsivo e do meu rosto pegando fogo por ter falhado e decepcionado meu pai. Foi insuportável! Passei as férias de verão estudando para o exame de recuperação no qual fui aprovado, para alívio geral, pois repetir de ano era algo inconcebível! Aliás, uma humilhação não apenas para mim, mas também e tanto quanto, para meus pais, pois, na época, o sucesso ou fracasso dos filhos, por extensão, significava o sucesso ou fracasso dos pais como educadores, aos olhos dos amigos e parentes. Talvez esta seja a razão pela qual meu pai, volta e meia, me ameaçasse: "se não quer estudar, vou te pôr para trabalhar, você vai ser garrafeiro" – comprador de jornais velhos e garrafas - ou a mais tenebrosa das ameaças: "Você vai para o colégio interno", sinônimo de presídio e tortura, pelo menos na minha imaginação.

Em tempo: jamais ganhei uma medalha por ter tido um desempenho excepcional em qualquer coisa. Desconfio que os campeonatos de futebol de botão, que eu mesmo organizava e vencia, não contam para esta estatística.

Elogios, reconhecimento? Não me lembro de ter recebido nenhum do meu pai que, nesse ponto, era coerente com sua crença de que "elogiar estraga". A formação e o fortalecimento do caráter dos filhos, naquela época e na maioria das vezes, se davam por meio de ameaças, castigos e do medo. Minha geração, os "Baby-boomers"[2], cresceu e assim foi educada para a vida.

---

2 Geração nascida entre 1940 e 1960 que recebeu uma educação muito rígida baseada na disciplina, na dedicação aos estudos e trabalho, no respeito aos valores familiares, aos pais e aos mais velhos e às figuras que representavam qualquer tipo de autoridade. Em contrapartida e em oposição, nasceu um sentimento de rebeldia que se traduziu numa força transgressora e em movimentos contestatórios como, por exemplo, a chamada "juventude transviada" cujo ícone foi o ator James Dean, os "beatniks" como Jack Kerouac, a eclosão do "rock n´roll" com Elvis Presley, Jerry Lee Lewis, Litlle Richards, Roy Orbison e tantos outros. Foi esse movimento de rebeldia e contestação, ainda que tímido, mas tão combatido e reprimido, que gerou a revolução dos anos 60, com o movimento hippie, a contracultura, os Beatles, o movimento estudantil de 68 e tantos outros acontecimentos que marcaram e transformaram definitivamente o mundo daquela época. É preciso honrar esta geração dos anos 50 pelo pioneirismo corajoso e totalmente espontâneo. Sem nós, o mundo não seria o que é. Para o bem e para o mal.

Convivi muito pouco com meu pai, apenas 14 anos, a idade que eu tinha quando ele morreu, em 1961, no entanto foi uma coexistência intensa ainda que curta. Não tenho a menor dúvida de que meu pai foi minha maior influência, meu modelo e referência de masculinidade. Não houve ninguém a quem eu quisesse mais agradar e, consequentemente, copiar, do que meu pai. Receber o seu amor, seja na forma de reconhecimento e validação, seja pela aceitação e carinho, era tudo o que eu almejava e precisava. Entretanto, não sinto que esse anseio me tenha sido preenchido e não foi apenas porque meu pai não viveu tempo suficiente para me oferecer isto, mas o mais provável é que ele não sabia como fazê-lo, simplesmente porque também seu pai agira de forma semelhante com ele, por não saber como ser diferente. O fato é que essa necessidade de apreciação não preenchida deixou um vácuo, um vazio, no meu peito que, até hoje, mais de sessenta anos depois, ainda não foi totalmente preenchido.

Hoje, adulto, não tenho a menor dúvida de que meu pai me amava e demonstrava esse amor, indiretamente, da forma como aprendeu, sabia e podia: materialmente. Aliás, como tantos pais faziam à época e fazem ainda hoje, para compensar a sua ausência, sua incapacidade para expressar sentimentos por medo e insegurança ou pela inabilidade de entender a real necessidade dos filhos. O Pai Provedor se tornou um estereótipo, a pseudossolução para compensar toda essa carência emocional.

Já na terceira idade, tenho total compreensão e entendimento de toda essa história e de suas consequências. Mas o Ricardinho aos 6, 8, 10 ou 12 anos não tinha a menor ideia nem poderia. Apenas sofria com o que parecia ser rejeição, desamor, desatenção, desconsideração, brutalidade, injustiça ou algo do gênero. Sentimentos que geravam não só dor, mas também muita raiva e até ódio e, consequentemente, muita confusão, pois como ele poderia odiar a quem só deveria amar? A única opção possível era sufocar e "engolir" a raiva. Certamente, a conclusão que o Ricardinho deve ter chegado, à época, era que havia alguma coisa de muito errado com ele, algo a ser disfarçado, muito bem escondido e, principalmente, que precisava ser substituído com atitudes e comportamentos que não deixassem transparecer, em hipótese alguma, suas imperfeições e só mostrassem o seu lado bom e as suas qualidades. Agindo assim, concluiu o Ricardinho, certamente seria reconhecido, considerado, amado...

O Ricardinho cresceu, tornou-se adulto e se esqueceu, completamente, das escolhas e estratégias que fez e criou para que o vazio no peito fosse preenchido e o reconhecimento que sempre almejou, finalmente, ocorresse. Só que não foi bem assim, pois volta e meia, quando algo não dava certo, o vazio ressurgia e se mostrava bem vivo, presente e até mais intenso e dolorido.

Fato é que passei a vida buscando ser reconhecido, elogiado e aprovado. Inicialmente, como mencionei, pelo meu pai e, na falta deste, pelo meu tio, meus chefes, amigos e colegas de trabalho, minha mulher e filhos, mas, para falar a verdade, queria ter a aceitação de todo mundo. Eis aqui um ótimo exemplo de missão impossível: ser aceito e querido por todos.

Entretanto, quanto maior era meu desejo de ser reconhecido, tanto maior eram a ansiedade, insistência e a intensidade que colocava nas minhas atitudes e comportamentos, a ponto de criar constrangimento nas pessoas, que acabaram por se afastar de mim. Estabelece-se, assim, um círculo vicioso paradoxal: a "exigência" em ser reconhecido, não apenas impede o reconhecimento, mas, ao contrário, atrai a rejeição.

Portanto, o que resulta desta busca irrealista por ser reconhecido a todo custo, obstinadamente, é frustração, dor, sofrimento e, por último, meu autojulgamento negativo e implacável, que apenas realimenta minha baixa autoestima ou o desamor por mim mesmo.

Para começar a transformar toda essa armadilha em que nós nos encontramos - uso nós, porque estou absolutamente convencido de que essa é uma realidade comum à maior parte da humanidade e não apenas a alguns milhares de indivíduos - em primeiro lugar, é necessário aceitar o fato de que sempre haverá alguém que não nos aprova ou até mesmo não gosta de nós. Isto é natural, pois decorre da diversidade e das infinitas possibilidades que a vida apresenta. Colocando esse fato em perspectiva e aceitando que cada um de nós tem suas preferências e divergências, gostos e antipatias, se torna bem mais fácil superar uma crítica ou uma total desaprovação da parte de alguém, sem deixar que isso se transforme numa ofensa ou desaforo pessoal.

Em segundo lugar, é preciso praticar uma autocrítica responsável, equilibrada e compassiva sobre nós mesmos. O que isso significa? Significa reconhecer proativamente que a despeito de nossas qualidades, todos nós temos pontos cegos e defeitos que devem ser cuidados e transformados, o que não faz de nós pessoas irrecuperáveis, nem cancelam ou invalidam nossos pontos positivos.

Em terceiro lugar, e muito importante, podemos nos fazer a seguinte pergunta: por que fico tão alterado e ansioso diante da possibilidade de não ser reconhecido ou de ser criticado? A resposta, naturalmente, dependerá de cada um, mas seja ela qual for, provavelmente revelará, por baixo das racionalizações e justificativas bem construídas, sentimentos depreciativos, criticismo e desamor por nós mesmos.

Portanto, questionar e até reviver as situações que motivaram estes sentimentos negativos a nosso próprio respeito e compreender que decorrem das conclusões imaturas, desproporcionais e polarizadas a que chegamos no passado, abrem as portas para nossa auto-aceitação compassiva e possibilita uma mudança de atitude.

Não é errado querer ser reconhecido, considerado ou mesmo querido por pessoas próximas, como nossos pais, avós, tios e amigos ou mesmo por outras pessoas nem tão próximas como chefes, patrões, professores, padres, pastores, conhecidos etc. que, de certa maneira, exercem algum tipo de autoridade e influência sobre nós.

É humano e até necessário, desde que seja uma apreciação sincera, honesta e oportuna para validar tudo o que fazemos e expressamos de forma correta e com boa disposição, pois contribui para o fortalecimento da nossa autoconfiança e, consequentemente, eleva nossa autoestima e estabelece um círculo virtuoso que nos impulsiona a continuar em busca de melhorias contínuas.

Entretanto, o verdadeiro, garantido e definitivo reconhecimento que podemos obter é aquele que só nós mesmos podemos nos dar e que decorre da certeza de que fizemos o que era certo, o que deveríamos e poderíamos ter feito e com uma motivação nobre. Esse autorreconhecimento sobrevive a todas as críticas, desaprovações, dúvidas ou desconfianças que possam ter a nosso respeito. Não se trata de arrogância ou superioridade, mas simplesmente do autojulgamento justo, imparcial e honesto que fazemos a nosso respeito.

Sabemos que é assim porque ficamos em paz, felizes e contentes com nós mesmos e nosso corpo nos envia as mensagens ou sensações que validam e confirmam o acerto de nossas atitudes e decisões.

Esse é o reconhecimento que energiza nossa Autoconfiança, eleva nossa Autoestima e nos deixa em paz com a Vida.

Tema para Meditação: sente-se confortavelmente e procure se acalmar, até sua mente serenar, se aquietar e silenciar. Seja bastante gentil com você mesmo(a), não se cobre, nem se irrite se demorar a conseguir ou até se não conseguir se concentrar de imediato. Se for o caso tente mais tarde, mas não desista. Quando estiver pronto(a), "peça para aquela voz", aquela que fica bem lá no fundo, a mesma que costuma te criticar, te depreciar e te colocar para baixo, para ela te definir em uma ou, no máximo, duas palavras. Fique atento e preparado para registrar a primeira palavra ou frase curta que emergir à sua consciência, do tipo: "Eu sou ..."

Guarde essa **Palavra ou Frase Curta**, ela é importante pois o seu enunciado influi diretamente nas suas atitudes e comportamentos, define seu próprio Autojulgamento e cria as circunstâncias adversas e as frustrações na sua vida e, adicionalmente, gera a necessidade obstinada de ser reconhecido.

Se não conseguir "ouvir" esse enunciado, não se aborreça nem se irrite com você mesmo, apenas tenha paciência, não desista e continue tentando nos dias seguintes, pois é certo que você vai escutar essa voz te falar.

Após sua Reflexão e Meditação, responda:

1) Quando não sou reconhecido, me culpabilizo totalmente por isso ou procuro justificativas, desculpas? Responsabilizo a pessoa que não me reconheceu por não ser capaz de me avaliar corretamente? Reflito sobre o acontecimento e busco um meio-termo, uma explicação plausível e racional para a falta de reconhecimento?

2) Por que ser ou não ser reconhecido é tão importante para mim? Há alguém em especial cuja avaliação seja mais sensível para mim? Como me sinto – com raiva, ódio, tristeza, injustiçado, humilhado, desconsiderado – quando não sou reconhecido? Como meu corpo reage diante da frustração que decorre da falta de apreciação? O que sou capaz de identificar?

3) As situações de falta de reconhecimento são recorrentes? Seguem um padrão ou têm uma origem comum? Ocorrem com pessoas com personalidades diferentes ou semelhantes a você? Há um tipo de personalidade mais comum e frequente com quem isto ocorre? Há alguma semelhança entre essas pessoas do presente com alguém do passado? Quem?

4) Reflita sobre a **Palavra** que emergiu na meditação. Como você se sentiu ao ouvi-la? Ela corresponde à verdade do que você é? Você acredita que ela seja verdadeira? Por quê? Por que não?

Compare essa palavra com tudo de bom que você já fez, seu sucesso e conquistas. Você poderá também pedir a alguém em quem confia que lhe dê um "feedback" sobre como ele ou ela o vê. Compare essa avaliação com a **Palavra** que ouviu e tire as próprias conclusões.

JULGAMENTO, AUTOJULGAMENTO E EMPATIA

"Os homens erram ao julgar como um todo
o que eles só conhecem uma pequena parte."
Voltaire

"Empatia não é deixar os narcisistas
tomarem a frente!"
Anita Moorjani[1]

"Aquele que não tiver pecado
que atire a primeira pedra."
Jo, 8.7

Fazer Avaliações e Julgamentos sobre pessoas e situações sempre foi algo instintivo e automático em mim. Logo no primeiro contato com alguém, minha atitude inicial é a de observar com atenção o que a pessoa fala e como fala, as opiniões que emite, seu gestual e como se apresenta, as mensagens sutis e não verbais que emite e por aí vai... Admito que o que faço é uma avaliação preliminar para saber se estou diante de alguém honesto e sincero nas suas intenções para, em seguida, julgar se a pessoa é digna ou não da minha confiança e, finalmente, decidir se gosto ou não dela. Este é o meu "método" em 3 etapas que, na maioria das vezes, faz com

---

1 Escritora de origem Indiana e criada em Hong Kong, autora dos livros Dying to be me, What if this is heaven? e Sensitive is the new strong do qual a epígrafe foi retirada. Ver as referências bibliográficas para mais informações.

que me afaste ou me separe das pessoas. Frequentemente, quando a convivência assim o permite, posso reconsiderar minha avaliação e julgamento inicial e me render à constatação do quanto fui precipitado e injusto. Ocorre que, nesse ponto, um relacionamento que poderia ser promissor e benéfico para todos já foi inapelavelmente inviabilizado. Que pena, aconteceu de novo!

Reconheço que avaliar para julgar ou mesmo pré-julgar, o que aliás é bem pior, pois nem dá a mínima chance para a outra pessoa se mostrar como é, trata-se de um hábito arraigado e forte em mim, que se tornou um verdadeiro vício. Vício difícil de abandonar ou mudar e que me incomoda bastante. Constrange-me, sobretudo, porque percebo que a desconfiança é a premissa para minha avaliação e julgamento, pois parto do pressuposto que o outro quer me enganar e prejudicar ou, no mínimo, tem alguma intenção não declarada. Assim sendo, concluo que preciso estar alerta para evitar que isso aconteça.

Enfatizo a questão da Confiança ou da Desconfiança por ser um tema extremamente sensível para mim, mas isso não significa que seja o único "quesito" que me leva a fazer avaliações e julgamentos. Paro um instante, sinto o coração acelerado em virtude do incômodo comigo mesmo, por ter e expor este comportamento, que julgo muito inadequado. Fecho os olhos para meditar sobre esta questão e logo muitos *insights* surgem e invadem minha mente.

"Você julga as pessoas e a você mesmo, de acordo com os valores, padrões, regras, ensinamentos e exemplos que aprendeu e presenciou em decorrência da cultura familiar e da sociedade da época, pois não havia outra escolha. Sua identidade se constituiu a partir desses parâmetros e, assim sendo, se tornou sua referência para julgar o que é certo ou errado, o desejável ou o indesejado e assim por diante.

É muito importante você considerar que este ambiente preconceituoso e crítico, que experimentou desde seu nascimento, foi necessário para que pudesse se capacitar para superar as questões que sua Alma decidiu "curar", por assim dizer. Pode parecer um paradoxo, uma contradição, mas por baixo das aparências há uma lógica perfeita, permitindo que o aprendizado e o desenvolvimento também possam se dar por contradição ou oposição, como preferir. Por exemplo: se sua Alma precisa desenvolver a "assertividade, determinação ou perseverança", poderá nascer numa família que lhe ofereça todas as facilidades e condições, de tal sorte, que a pessoa não precise se esforçar para ter seus desejos e necessidades atendidos.

É claro que num ambiente com essas características, a pessoa terá maiores dificuldades para desenvolver sua Autoconfiança, uma vez que sua disposição, força de vontade e determinação não desabrocharam adequadamente, porque não foram desafiadas. Entretanto, as frustrações que, inevitavelmente, vão acontecer durante o transcorrer da sua vida, farão com que esta mesma pessoa reflita, entenda e desenvolva os atributos que precisa para completar seus projetos com sucesso, por conta própria e assim, gradativamente, fortalecer sua Autoconfiança.

Não há qualquer contradição, coincidências ou episódios aleatórios. Está tudo perfeitamente planejado e orquestrado para que a Alma possa resolver as questões que decidiu solucionar para prosseguir no seu processo evolutivo. Ter essa compreensão da "Lógica da Vida", não evita a dor e tão pouco elimina o sofrimento, num primeiro momento, mas certamente abre a perspectiva para que isso venha a acontecer".

Prossigo com a meditação e escuto: "O Julgamento, o pré-julgamento, bem como o autojulgamento que faz de você mesmo, são questões que sua Alma deve e quer transformar, mas precisam ser tratadas simultaneamente, pois estão completamente interrelacionadas.

Seu autojulgamento, por exemplo, segue exatamente o mesmo padrão pelo qual você foi "julgado" no passado e é, igualmente, a mesma medida que usa para avaliar as pessoas. Na prática, isso significa que pretende que as pessoas ajam e sejam da mesma maneira como você foi "condicionado" ou aprendeu a ser, sem considerar que as histórias e condições de vida de cada um são únicas, exclusivas e não podem ser generalizadas nem transferidas. E mais, é impossível reunir todas as informações sobre uma pessoa que permitam fazer um julgamento preciso, justo e imparcial de quem quer que seja".

Percebo, após a meditação, que na prática se estabelece um encadeamento do tipo: me julgo segundo os mesmos critérios pelos quais fui julgado no passado, que, não por acaso, são os mesmos com os quais julgo as pessoas no presente e são, assim acredito, idênticos aos que as pessoas ainda usam para me julgar. Por exemplo: sou exigente e intenso nas cobranças que faço para alguém, porque também sou intenso e exigente nas cobranças que eu mesmo me faço, isto porque esta é a mesma forma pela qual fui bastante exigido e cobrado no passado. Ou seja, os parâmetros são os mesmos em quaisquer dos casos e a sua validade e justiça precisam ser questionados e validados ou não.

Portanto, atentar para as razões que nos levam a avaliar e julgar as pessoas e situações, é uma ferramenta poderosa de Autoconhecimento se utilizada de forma imparcial e com distanciamento, pois conta muito dos nossos valores e das regras que seguimos por força da educação e da cultura a que fomos expostos e que, desde então, influenciam nossas condutas.

O chamado Efeito Espelho, que é se ver refletido em uma outra pessoa, é outro bom exercício para trazer à Consciência e entender como funcionam nossos padrões de julgamento. Por exemplo: não gosto de como uma pessoa se comporta, então preciso observar se eu também não me comporto de forma semelhante e de como me sinto com relação a este meu comportamento. O mesmo critério se aplica ao caso contrário, admiro uma qualidade de alguém por reconhecer que tenho a mesma qualidade ou, porque gostaria de desenvolvê-la em mim.

De fato, temos a tendência de aprovar o que nos é semelhante e rejeitar o que nos é diferente ou até mesmo desconhecido e fazemos avaliações considerando meramente as aparências externas, como: status social, aspecto físico, indumentária, raça, nacionalidade, características pessoais (fala, tom de voz, riso, tiques etc.) ou em decorrência das suas escolhas, sejam essas de gênero, de credo religioso ou bandeira política. É fácil concluir, portanto, que ninguém é totalmente isento ou capaz de avaliar e julgar quem quer que seja de forma equânime.

Retorno para minha meditação e escuto: "Não julgue ninguém, nem sentencie quem quer que seja pelas aparências, nem mesmo pelos fatos, que podem ser circunstanciais. É preciso silenciar totalmente os ruídos da crítica e do julgamento, para ouvir bem. Quem ouve bem, ouve a verdade do que está sendo dito sem distorções e sem ideias preconcebidas; assim, está aberto para aceitar as diferenças e criar as condições para o entendimento justo e necessário. Cada um tem a própria história, fez as escolhas que lhes pareciam as possíveis e as mais acertadas a cada momento. Você pode não gostar nem concordar, tudo bem! Porém não critique, hostilize ou ridicularize, apenas observe e substitua o julgamento apriorístico pelo discernimento, pelo desejo de compreender e pelo sincero desejo de aprender o que a experiência tem a te ensinar ou mostrar".

Abro os olhos com o significado da "Empatia" presente na mente. Empatia é se colocar no lugar do outro, isto é, se reconhecer, se identificar com os sentimentos que a pessoa expressa por já ter se sentido de forma semelhante, ou seja, é um exemplo perfeito de que não apenas não estamos separados uns dos outros, mas que há um vínculo profundo que nos une a todos. "Empatia" é compreender mais com o coração do que com a mente, embora requeira aceitar que sempre há um motivo para as atitudes e comportamentos das pessoas que, na maioria das vezes, escapa à nossa compreensão.

A "Empatia" também possibilita que sintamos "Compaixão" pelas pessoas e, consequentemente, por nós mesmos, o que nos permite observar os acontecimentos de outra perspectiva e com outra atitude.

Com a empatia e compaixão, o julgamento perde seu tom crítico e severo, abrem-se as portas para o entendimento e a aceitação das diferenças que são apenas aparentes, pois em essência somos todos iguais. Assim, a fraternidade ganha espaço para florescer.

Quero encerrar este capítulo transcrevendo uma passagem retirada do livro *Um curso em milagres*:

De modo a julgar qualquer coisa acertadamente, a pessoa teria que estar perfeitamente consciente de uma escala inconcebível de coisas passadas, presentes e por vir. A pessoa teria que estar certa de que não há nenhuma distorção na sua percepção, de modo que o seu julgamento seja totalmente justo em relação a todos aqueles sobre os quais recai agora e no futuro. Quem está em posição de fazer isso?[2]

Sem titubear, eu mesmo respondo: ninguém.

Tema para Meditação: procure se lembrar de uma situação na qual os resultados não tenham sido os esperados e, em decorrência, tenha se sentido frustrado(a), decepcionado(a) ou até mesmo desalentado(a). Uma vez identificado o episódio, feche os olhos e peça ajuda para lembrar os detalhes e, principalmente, a autoavaliação e o autojulgamento a respeito desse acontecimento. Fique atento(a) às palavras que lhe vêm à mente e expressam desapontamento e crítica ao próprio respeito. Quando achar que é suficiente, abra os olhos e escreva tudo que lhe ocorreu.

Exercícios: com base na sua Meditação e nas percepções que obteve, responda às seguintes questões:

1) Você pode ter percebido a forma severa e até depreciativa pela qual se avalia e julga. Esse comportamento é comum e recorrente? Quais são seus sentimentos associados: raiva, desprezo, desqualificação, inconformismo, desesperança, resignação?

---

2 De *Um curso em milagres – Livro dos professores*, pp. 29 e 30.

2) Quando você presencia um comportamento que lhe desagrada em alguém, de que forma avalia e julga essa pessoa? Há alguma correspondência com o que faz consigo mesmo(a)? O que exatamente?

3) Colocando essas duas situações em perspectiva, equanimemente, como definiria sua avaliação e julgamento? São razoáveis, justos e descontaminados dos julgamentos que você mesmo sofreu no passado?

4) Qual é a crítica, o julgamento ou cobrança que lhe são feitas e que mais o(a) incomodam? Há alguma semelhança com sua autocrítica ou com a forma que você critica ou julga os outros?

5) Pergunte-se: tudo em que acredito é certo e verdadeiro? Há alguma mudança que posso fazer a partir de agora? Qual ou quais?

6) O que você pôde perceber e concluir das suas respostas às questões anteriores?

COMPARAÇÃO E COMPETIÇÃO

"O coração une, a mente separa."

Darc

A Comparação e a Competição, que faço e pratico com as pessoas, são atitudes que decorrem diretamente de duas conclusões errôneas: a primeira é a crença de não ter valor, competência para suprir minhas necessidades físicas e emocionais e para conquistar o que quero; a segunda é acreditar na escassez, ou seja, que o "Universo tem um suprimento limitado de coisas e experiências desejáveis e, portanto, o que alguém recebe ou tem está sendo ou foi tirado de mim"[1].

A Avaliação é o inventário que faço de uma pessoa, segundo os atributos que considero relevantes como, por exemplo: suas qualificações, desenvoltura, seu sucesso profissional, status social, condição financeira etc. A Comparação que se segue à Avaliação visa estabelecer ou concluir quem, seguindo os mesmos critérios, está em melhores condições de "vencer" a hipotética disputa que inevitavelmente acontecerá em algum momento.

A Comparação que fazemos, é bom que se diga, tem sempre relação com nós mesmos. Quando nos comparamos com alguém,

---

1 Palestra do Guia do Pathwork© 198 – Transição para a Intenção Positiva, 11/02/1972, Pathwork© Foundation, NYC, USA.

estamos, na verdade, "medindo forças", tentando concluir quem é melhor, quem tem melhores condições para competir e vencer e ser recompensado.

A Competição está profundamente inserida em nosso cérebro reptiliano, é algo atávico, tem origem no instinto de sobrevivência do homem primitivo, que precisava avaliar e decidir se, diante de uma ameaça iminente, lutava, fugia ou se fazia de morto.

Hoje, a situação pode não ser tão dramática. Não é mais preciso bater no peito como os gorilas para intimidar os adversários nem abrir a cauda em leque, como os pavões, para impressionar os oponentes com suas credenciais. A Competição atualmente pode ser mais sutil, mas por baixo das atitudes socialmente aceitáveis ainda subsiste o desejo de vencer, de parecer melhor e mais capaz. Ao escrever essa sentença, sinto certo desconforto e minha respiração se acelerar, a ansiedade crescer e me pergunto, então, se devo mesmo confessar para o mundo estes sentimentos que percebo em mim mesmo.

Tento me acalmar, fecho os olhos, procuro silenciar a mente e escuto: "A Competição ou a Concorrência é motivada pelo medo de ser rejeitado ou desqualificado, em decorrência do julgamento e da comparação desfavorável que você imagina que as pessoas farão a seu respeito. Isto é uma ilusão, no entanto, sempre que você se vê ameaçado por essa possibilidade, imediatamente assume uma atitude belicosa e competitiva, com o único objetivo de sobrepujar aquele ou aquela que avalia como oponente, concorrente ou inimigo.

É automático e, quanto maior for o medo das consequências que o fracasso e a derrota lhe causem, tanto maior será sua necessidade de competir e vencer para afastar o risco da rejeição. Isto acontece em qualquer área da sua vida e não apenas na profissional ou esportiva, mas também na afetiva e emocional.

A Comparação parte da premissa errada de que para se determinar o valor de alguém deve-se avaliar este indivíduo com base no que os outros são ou têm. Isso também é uma distorção completa da realidade. Nenhum ser humano pode ser medido e comparado com os outros. Por maiores que sejam suas conquistas, por mais que ele seja adequado, criativo e realizado, não é melhor nem mais do que ninguém; não é privilegiado, escolhido ou favorecido. O mais provável é que, simplesmente, a pessoa em questão utilize suas faculdades criativas de forma mais eficiente, graças ao seu progresso pessoal, que conquistou por esforço e mérito próprios"[2].

Quando competimos com alguém, miramos suas qualidades e esquecemos as nossas competências e qualificações. Confrontamos a outra pessoa naquilo que tem de positivo e, portanto, nos colocamos numa posição defensiva e reativa, ao negligenciarmos nossos pontos fortes e nos concentramos apenas nos pontos fortes do outro, com o único objetivo de encontrar uma forma de superá-lo.

A Inveja, o Despeito e o Ciúme nascem dessa avaliação profundamente injusta e dolorosa que fazemos a nosso respeito, pois esquecemos tudo de bom que somos e fizemos e nos concentramos apenas naquilo que não temos ou nos parece faltar e que, no entanto, os outros parecem ter de sobra. Esta avaliação é totalmente despida de lógica e bom senso, pois o que prevalece, em nosso caso, é o medo de sermos julgados depreciativamente.

A situação descrita acima, frequente entre membros de equipes de trabalho, alimenta e estimula a concorrência, o conflito, a separatividade e inviabiliza o diálogo construtivo e mutuamente benéfico. É uma disputa inglória baseada no medo e sem vencedores verdadeiros. O resultado final é nulo, zero! Se um ganha e o outro perde, no final das contas, nada se acrescenta, não há valor agregado.

Só há ganhos e progresso quando todos ganham; e nesse caso não há competição, mas sim colaboração e parceria verdadeira. É falsa a ideia de que para um ganhar, o outro, necessariamente, deva perder. O universo e a vida não funcionam assim. O verdadeiro trabalho

---

2 Palestra do Guia do Pathwork© 198 - Transição para a Intenção Positiva, 11/02/1972, Pathwork© Foundation, NYC, USA.

em equipe, colaborativo e sem competição, faz com que a soma de 2 mais 2 seja maior do que 4.

A única Competição saudável e produtiva é aquela que realizamos com nós mesmos, no sentido de procurar, permanentemente, nos desenvolvermos, seja pela conquista de novas habilidades, seja pela transformação de hábitos e atitudes negativas e contraproducentes. A motivação que justifica a boa competição é totalmente diversa da motivação que visa vencer ou sobrepujar alguém para se mostrar melhor ou superior.

A Comparação, por outro lado, pode ser benéfica e positiva quando se torna fonte de Inspiração. Por exemplo: posso me comparar com alguém cujas qualidades, conquistas e valores reconheço e admiro. Mesmo admitindo que ainda não tenho os predicados que este modelo de pessoa tem, não lamento, não me sinto nem pior nem incapaz. Não sinto inveja, nem o impulso de competir, tenho apenas o sincero desejo de desenvolver estas qualidades que considero valiosas, sem desconsiderar, entretanto, o fato de que somos pessoas com histórias e características diferentes.

Portanto, não se trata de copiar, mas sim de tomar alguém como um modelo e inspiração.

Tema para Meditação: do que tenho mais medo que as pessoas descubram a meu respeito? Quando sentir que a mente está mais calma, faça esta pergunta para si mesmo. Deixe que ela penetre, como uma gota, até o ponto mais profundo dentro de você. Permaneça em silêncio e atento para ouvir a resposta que emergir desse lugar dentro de você. Ao abrir os olhos, escreva a resposta que recebeu. Mas, se não receber nenhuma mensagem nesse momento, ela poderá vir nos próximas horas ou dias, portanto mantenha a pergunta presente na mente e esteja consciente de tudo que possa ocorrer tenha relação com essa questão.

Exercícios:

1) Quais foram as principais conquistas, os projetos e os empreendimentos vitoriosos de que participou ou liderou? Relacione todos que conseguir se lembrar.

2) Quais são os pontos forte e qualidades que reconhece em você mesmo? Liste todas elas. Em seguida, sente-se com alguém em quem confie, apresente sua lista e pergunte para essa pessoa se concorda com todos os pontos que você relacionou.

3) Realisticamente: sua autoavaliação e mesmo seu autojulgamento são baseados em dados concretos, verdadeiros ou são consequência de conclusões e interpretações que fez sem, realmente, verificar se eram reais?

4) Reavaliando, agora, em perspectiva todos esses fatos, suas conclusões ainda se sustentam ou são totalmente inverídicas e improdutivas?

5) Diante deste retrospecto, quais são as conclusões verdadeiras que você pode fazer agora? E a partir dessa constatação, pode se comprometer com novas atitudes, comportamentos e posições que levam a situações mais produtivas e harmoniosas?

6) Escreva uma carta para si mesmo, com data de um ano à frente, contando as mudanças positivas que ocorreram na sua vida, a partir do momento em que assumiu o compromisso de transformar e substituir suas atitudes baseadas em conclusões irreais ou falsas.

SEPARATIVIDADE E FRATERNIDADE

> "Sagrada unidade de Deus,
> unifica nossas vidas, unifica nosso ser.
> Sagrada unidade de Deus,
> unifica-nos em profunda fraternidade."[1]

> "Diversidade é convidar alguém para o baile.
> Inclusão é convidá-lo para dançar!"
> **Dra. Edith Eva Eger**

Sento para meditar, mas não consigo acalmar minha mente, nem "silenciar" meus pensamentos, que insistem em jorrar como uma cascata. Quando percebo, já estou "fazendo" alguma coisa, a quilômetros de distância. Tento outra vez desde o princípio e novamente minha mente dispara em velocidade para várias direções. Sinto minha irritação aumentar e a ansiedade se manifestar na forma de uma pressão no peito. Nada de novo, penso, pois estas são sensações já conhecidas há muito tempo. Percebo também, além da impaciência por não meditar direito, um vago sentimento de inadequação e uma inexplicável sensação de que serei punido por isso. Por último, um pensamento depreciativo emerge: "é, não tenho jeito mesmo, acho melhor desistir de uma vez por todas. Afinal de

---

1 Oração atribuída a Nossa Senhora.

contas, concluo, desistir pode ser mais 'seguro' do que continuar, falhar e ser recriminado".

Em instantes, me dou conta de que também tenho estado bastante irritado com as pessoas próximas de mim, sem que haja verdadeiramente uma justificativa para me sentir assim. Relembro minhas atitudes com relação a estas pessoas e fico ainda mais desconfortável e crítico comigo mesmo, ao reconhecer como minha rispidez faz com que as pessoas se afastem de mim.

Nesse instante da meditação, uma fresta de consciência se abre na minha mente e me estimula a pedir ajuda para entender o que está se passando comigo. A ajuda demora menos de 3 segundos para chegar e, como de hábito, não vem precedida de qualquer manifestação extraordinária, mas vem calma e tranquila na forma de um pensamento: "Sim, há ocasiões em que tenho comportamentos e atitudes deploráveis é verdade, mas não sou sempre assim, ao contrário, na maioria das vezes sou uma pessoa cordata, amigável e com bons sentimentos!".

Instantaneamente, me tranquilizo ao perceber a verdade contida no pensamento que emergiu: ao me aceitar compassivamente, posso admitir que ter "maus momentos" não faz de mim uma má pessoa ou um caso perdido. Ao reconhecer isto, meu criticismo e impaciência comigo mesmo desaparecem, bem como a pressão no peito e o vago sentimento de inadequação. A partir deste ponto, posso examinar com a clareza e equidistância, que a compaixão por mim permite todo este processo emocional e seus desdobramentos.

A possibilidade de ser imperfeito e inadequado gera automaticamente em mim o medo da rejeição e da crítica por parte das pessoas e é o que me faz ser tão crítico e impaciente comigo mesmo por ser assim. Na verdade, nestas ocasiões, como ficou claro, demonstro uma grande falta de compaixão e amor por mim mesmo, sendo minha impaciência e criticismo meramente sintomas de como me separo ou como eu mesmo me rejeito. Continuo minha reflexão e percebo o porquê de eu também, na sequência dos acontecimentos, me tornar tão crítico e impaciente com as pessoas do meu entorno, mesmo sem ter grandes motivos: no fundo, no fundo, para atenuar o medo e a ansiedade, que a observação da minha própria imperfeição me traz, tento identificar nas outras pessoas defeitos tão grandes ou maiores do que os meus. O objetivo é desqualificar o outro, "colocá-lo para baixo" para eu me sentir melhor, superior a ele. Mero subterfúgio para atenuar meu desconforto pessoal. Na prática, esta estratégia não funciona, claro!

Na verdade, toda esta sequência de situações e pensamentos exemplifica como nosso "estado de espírito" transborda para o exterior, contamina nossos comportamentos e só cria, dependendo da sua natureza e intensidade, desentendimento, conflito e separatividade.

Retomo à Meditação e escuto: "O tema da Separatividade é bastante complexo, pois envolve diferentes motivos e situações que levam os indivíduos a se separarem uns dos outros, em decorrência de comportamentos derivados das próprias questões emocionais. Você, por exemplo, em algumas ocasiões, procura demonstrar indiferença, superioridade e independência quando, no fundo, está apenas tentando se defender do risco de ser desconsiderado ou de não receber a atenção de que se julga merecedor.

Em outros momentos, sem que haja um motivo concreto, você se sente desprestigiado por alguém e revida a 'ofensa', demonstrando seu desprezo e desconsideração com a pessoa em questão, porque sabe, por experiência própria, o quanto dói ser desprezado e desconsiderado. Só não te ocorre que a sua 'revanche' pode até passar despercebida ou parecer despropositada se a pessoa não teve nenhuma intenção de te 'ofender'. Na verdade, tudo se passa apenas na sua cabeça, mas por desconhecer este fato, a indiferença da outra pessoa só te faz se sentir ainda mais desprestigiado.

Portanto, é importante parar e procurar entender o que realmente está por trás destas reações emocionais desproporcionais, que criam tantas contrariedades e separatividade. Provavelmente, ao fazer isto, descobrirá por baixo dos acontecimentos e sentimentos a sua falta de amor por si mesmo!"

Abro os olhos e, mais uma vez, concluo que o conflito estabelecido com as pessoas e que me leva a me separar delas é exatamente igual ao embate interno que travo e define a forma como me crítico e separo de mim por não me aceitar como sou.

Nos dias seguintes, o tema da Separatividade se manteve bastante presente nas minhas reflexões. Num desses dias, durante a meditação da manhã, fechei os olhos, me concentrei e escutei: "É muito fácil encontrar motivos para nos separarmos das pessoas, especialmente nos tempos atuais, com tantos pontos de vista divergentes, competitividades, disputas abertas, ímpeto de subjugar e vencer o outro a qualquer preço para se mostrar melhor e superior. Neste contexto, quanto mais inflexível, defensivo e irredutível você for com relação aos seus valores, crenças e posições, tanto maior será sua predisposição para julgar, rejeitar e se separar dos outros. Seu inconformismo, que é um dos aspectos do seu medo, com tudo que não lhe for semelhante ou do seu agrado, inviabiliza toda possibilidade de sentir compaixão ou de entender as razões que levam uma pessoa a ser e agir de forma diferente. Lembre-se, praticar a verdadeira Fraternidade só é possível se, em primeiro lugar, você for fraterno para com si mesmo.

A falta de Fraternidade se encontra em todos os âmbitos da atividade humana, como nos relacionamentos sociais, familiares, afetivos e profissionais. Também não se restringe, tão pouco, apenas às relações pessoais, mas inclui as interações entre grupos, associações, religiões, etnias, gêneros, gerações, nações, países e com a natureza.

É preciso que a humanidade confronte a própria separatividade e reveja as atitudes que excluem, segregam e até desprezam os mais vulneráveis e as minorias. Inclusão significa criar condições para que todos se beneficiem do progresso material e espiritual. Acreditar que é possível se preocupar apenas consigo próprio, sem levar em consideração todo o entorno é uma visão muito limitada e distorcida da Vida. A crise sanitária que abalou e ainda abala a humanidade deixou totalmente às claras, inequivocamente, a interdependência que há entre todas as formas de vida no Planeta. A exacerbação do individualismo e do materialismo, que se observa de várias maneiras, conspira contra a evolução da humanidade e contra a manutenção da Vida na Terra.

A Vida é integração, união e correlação. A crença de que somos indivíduos separados e desconectados é falsa, mas é exatamente esta percepção que cria todo tipo de conflito e disputa, inclusive no pior dos casos, as guerras.

Como confirma a oração atribuída a Nossa Senhora, transcrita na epígrafe deste capítulo, para que haja Fraternidade é preciso primeiro trabalhar internamente os motivos que criam as atitudes que nos separam das pessoas, como o prejulgamento, o preconceito, o orgulho, a discriminação, a crítica descabida e maldosa, as palavras que humilham e desqualificam. É necessário observar e transformar os sentimentos que levam à comparação com outros, à competitividade, emoções que geram animosidade, rancor, despeito, ciúmes, inveja etc. Enfim, sentimentos negativos que criam desarmonia, conflitos e promovem a separatividade entre os indivíduos e as demais formas de Vida.

Para ter sucesso nesse processo, é indispensável estar atento para não repetir velhos hábitos e comportamentos desagregadores, ter a disciplina para desligar o "piloto automático" e permanecer consciente de si mesmo para observar as reações emocionais que ativam nosso "vulcão interno". Perceber o que desperta o "vulcão interno" é uma coisa muito saudável e importante; outra coisa é permitir que entre em erupção, despeje sua lava e cause danos às pessoas próximas e a nós mesmos, em última análise.

Amar verdadeiramente, isto é, incondicionalmente e sem restrições é consequência de um processo interior que se desenvolve gradativamente, com muito esforço, dedicação e compromisso e que leva à aceitação, sem condições ou restrições, de toda e qualquer expressão de vida. Trata-se da união perfeita, urdida com os fios da Fraternidade, Cooperação, Respeito, Cuidado, Compaixão, Empatia, Verdade, Honestidade, Sinceridade, Confiança, Aceitação e, claro, com o próprio Amor.

Escuto ainda, uma última vez, na meditação: "Viver na Terra pressupõe se relacionar, interagir com as pessoas, aceitar a diversidade, as diferenças, encarar os conflitos e disputas como oportunidades de aprendizado para o desenvolvimento da Consciência e, portanto, para a realização do Propósito. Assim sendo, quando você se separa das pessoas está, na verdade, se separando de si mesmo ao se privar de compreender o que precisa transformar internamente. Isto, sem falar que também é negar ou ir contra sua natureza Divina que almeja solucionar a separatividade e a desunião entre as pessoas.

Mas não é apenas isso, você também se priva de receber amor. Quantas vezes já se arrependeu de ter evitado a convivência com alguém, por orgulho ou arrogância, para depois perceber como teria sido proveitosa e gratificante essa convivência? Muitas vezes, esta percepção vem tarde demais e já nem há mais a possibilidade de corrigir o "estrago" que sua indiferença e distanciamento causaram. Tudo fruto de um julgamento precipitado e preconceituoso. É importante perceber como seus critérios e conclusões te levam a se separar dos outros e como estes mesmos critérios falam muito de você; por isso é necessário ficar atento a eles e perceber as consequências que trazem. O arrependimento, verdadeiro e justo, nos dá a chance de corrigir o que fizemos de errado e, ademais, abre as portas para o perdão. E o mais importante, a partir desta consciência, será possível dizer: até hoje agi dessa forma, mas a partir de agora vou fazer diferente! Esse é o processo de autotransformação na prática".

Tema para Meditação: sente-se confortavelmente, feche os olhos e, com ajuda da respiração, procure reduzir o "ruído" dos pensamentos na mente. Quando se sentir tranquilo, faça-se a seguinte pergunta: "O que eu não gosto, não aceito e critico em mim mesmo?" Fique atento ao que lhe vier à mente e, ao final, escreva sobre tudo que percebeu.

Exercício: após sua meditação, procure refletir e responder às seguintes questões:

1) Qual é a razão da sua autocrítica? O que teme que possa te acontecer em virtude dessa atitude que considera errada?

2) Qual sua estratégia para esconder das pessoas seu comportamento questionável e indesejado?

3) Quais são os sentimentos e as emoções associados à própria autocrítica?

4) Como se comporta com as pessoas que têm as mesmas atitudes que também recrimina em você? E como as pessoas reagem a você por esse comportamento?

5) A crítica que faço a mim mesmo é real, justa e trará benefícios? Se não, o que posso fazer para mudar essa situação?

6) Como você cobra, exige e critica os outros?

7) Há alguma semelhança com a maneira que você mesmo se cobra, exige e critica?

Reflexão: "Toda e qualquer pessoa deve ser tratada com respeito e honestidade, independentemente da sua condição ou preferências. Deve receber suporte e orientação. Caso não solicite esse apoio, pode-se oferecer e deixá-la à vontade para aceitar ou recusar. Esse é o princípio básico da solidariedade e da fraternidade".

Qual é a sua Motivação para praticar esse Princípio? Como você se sente quando alguém não aceita sua ajuda? E como se sente ao ter contribuído, positivamente, para o bem-estar de alguém?

ENTREGA E OBSTINAÇÃO

"Senhor, não me dês nada,
senão aquilo que Tu queres."
Meister Eckhart[1]

"When I find myself in times of trouble
Mother Mary comes to me
speaking words of wisdom, let it be."[2]
John Lennon/Paul McCartney

"A Entrega é um ato de amor por você."
Darc

O olhar triste do meu cão corta meu coração e a pressão no meu peito aumenta mais um pouco. Uma parte minha sabe que não há muito o que fazer, considerando o resultado do exame de sangue e da ultrassonografia. A veterinária levanta a possibilidade de uma cirurgia que eu recuso terminantemente. Por que submetê-lo a um sofrimento desses, considerando seus 13 anos e quadro clínico debilitado pela profunda

---

1 Eckhart de Hochheim (1260-1328), frade dominicano alemão, teólogo e filósofo, conhecido como Mestre Eckhart, foi um dos principais místicos especulativos da Idade Média.

2 Início da canção *Let it be*, gravada pelos Beatles em 1970. Numa tradução livre: "Quando me encontro em tempos difíceis/Mãe Maria vem até mim/Dizendo palavras de sabedoria, deixa estar". Paul, nessa frase, se refere a sua mãe natural de nome Mary e não há qualquer correlação com Maria, Nossa Senhora, mãe de Jesus.

anemia? Não quero que ele sofra e não quero, também, prolongar meu sofrimento, essa é a verdade.

Sacrificar meu cão, companheiro fiel por tantos anos, além de me causar enorme dor, me incomoda profundamente, pois não pretendo assumir o papel de "Dono da Vida". Por outro lado, não quero que meu cão sofra. Reconheço que estou confuso, dividido e não sei o que fazer ou o que decidir.

Surpreendentemente, para mim, não fico envergonhado por não saber o que fazer e por admitir minha incapacidade para lidar com uma questão dessa natureza. Afinal, ao longo da minha vida, se houve algo que sempre procurei esconder, zelosamente, foi a minha incapacidade ou desconhecimento para enfrentar e resolver os desafios que apareciam, especialmente os de natureza profissional. Sempre procurei dar um jeito, bem ou mal, de uma forma ou outra. Era assim que eu tinha que me mostrar no mundo exterior, mas intimamente sabia que a verdade era outra.

Mas, agora, algo mudou. Procuro me acalmar. Sento, fecho os olhos e começo a meditar, porém é mais uma oração, ou melhor, uma conversa com Deus. Conto que não sei o que fazer, que me sinto incapaz para tomar uma decisão e não quero que meu cão sofra. Falo que me entrego à Sua Vontade e peço que Ele me mostre o que preciso ver e aprender com essa situação. Ao terminar, me sinto mais tranquilo e me vem a certeza de que, de momento, é preciso esperar e confiar que o melhor para todos é o que vai acontecer.

Nos três dias que se seguiram estive o máximo de tempo que pude com meu cachorro, incluindo muitas horas durante a madrugada, acompanhando o desenvolvimento do quadro, atento a sinais de sofrimento, aplicando Reiki e dando conforto e carinho para o Thai. De certa forma, fazer isso significou reconhecer e aceitar a minha própria dor e não me defender dela, como tantas vezes antes escolhi fazer. Na manhã do terceiro dia, percebi que o quadro piorava e decidi chamar a veterinária para avaliar a situação. Continuava a não querer assumir sozinho a decisão de sacrificá-lo. Pouco antes da hora do almoço, comentei que o melhor seria se Deus o levasse. Confesso que notei uma pontinha de desapontamento ao falar isso, como se Deus não tivesse atendido meu pedido ou que estivesse demorando muito em me atender. No entanto, não se passaram mais do que dois minutos desde este pensamento até que meu companheiro morresse. A veterinária sequer tivera tempo de sair da clínica.

Fiquei ali parado, lágrimas escorrendo, olhando e agradecendo em silêncio por como tudo se dera. Eu me sentia triste e aliviado ao mesmo tempo. Sabia também que passara por uma experiência profunda e que precisaria de algum tempo para processá-la e entender todo seu significado. A única certeza é a enorme gratidão pelo Thai, meu cão, pela sua coragem e amor de passar por essa experiência para me ajudar a entender o sentido da Entrega.

Antes de tratar do significado da Entrega, é necessário, primeiro, esclarecer o que Entrega não é. Entrega não é preguiça, desânimo, desistência, renúncia nem comodismo, que são formas de deixar de fazer o que precisa ser feito. Não é, tão pouco, se omitir ou se mostrar desinteressado diante dos desafios e dificuldades que a Vida nos apresenta.

Entrega, no sentido aqui empregado, é, inicialmente, uma decisão consciente. É um ato de humildade e confiança. Humildade para reconhecer quando nos deparamos com nosso limite, nosso desconhecimento e nossa incapacidade, momentânea ou definitiva, para resolver uma dada questão ou situação. Sim, há momentos em que, simplesmente, não sabemos o que fazer, o que decidir ou a melhor direção a tomar, seja lá pela razão que for. Em outras ocasiões não há, verdadeiramente, nada que possamos fazer, além de reconhecer nossa impotência. Seja qual for a situação, o ato da Entrega não significa que há algo de errado conosco e, muito menos, que haja qualquer motivo para nos sentirmos envergonhados.

A Entrega se caracteriza por ser, a um só tempo, ativa e passiva. É ativa por se tratar de uma escolha consciente, uma decisão de se render à realidade dos fatos e de não opor resistência à orientação de uma Fonte que transcende, em muito, a capacidade limitada da nossa mente e da nossa vontade, a qual podemos dar o nome de intuição ou de a Vontade de Deus.

A Entrega é ativa também porque com ela, deliberadamente, desistimos de nossas defesas, reações automáticas, crenças e convicções para nos deixar afetar pelos acontecimentos, o que pode até significar, num primeiro momento, sentir dor ou até algum sofrimento. Se deixar afetar, nesse sentido, é o mesmo que ser vulnerável e é fator decisivo para identificar e aceitar o que precisamos saber a nosso respeito que desconhecíamos ou relutávamos em aceitar. Só assim poderemos fazer as correções necessárias.

A Entrega é passiva, pois, uma vez que a tenhamos feito, não nos restará mais nada a fazer além de aguardarmos, sem ansiedade, as orientações ou esclarecimentos que poderão chegar por meio de um sonho, uma intuição, um texto, em um comentário de pessoa próxima, durante a meditação ou mesmo por acontecimentos concretos. Na verdade, não importa tanto sua origem, mas sim a consistência e pertinência da orientação com vistas à nossa necessidade de momento.

Entretanto, há pré-condições para que a orientação que pedimos com a Entrega seja atendida: a primeira é a Humildade para reconhecer nossa incapacidade para decidir; a segunda é ter claro para o que, exatamente, precisamos de esclarecimento e, desnecessário dizer, que atenda o melhor interesse de todos os envolvidos; por fim, o último pré-requisito é ter Confiança. Sem Confiança, a Entrega perde completamente seu sentido, pois por mais óbvia e consistente que a orientação seja, ela não vai vencer nossa incredulidade. Uma vez respeitadas estas pré-condições, certamente, seremos atendidos.

Outra boa maneira de aprofundar o significado da Entrega é compreender o sentido do seu oposto, a Obstinação.

Obstinação, como se sabe, é querer que tudo saia da maneira que parece ser a melhor e mais vantajosa para nós. Para nos assegurarmos que isso ocorra, tentamos controlar os acontecimentos, isto é, impor nossa vontade para obter ou para evitar que qualquer imprevisto fruste nossas expectativas. No fundo, o controle é uma forma de defesa motivada pela falta de confiança em nós mesmos. Por conta disso e para nos preservarmos, lutamos contra tudo que implique mudança, desconhecimento, novidade; tudo que aparente ser uma ameaça para nossa autoimagem de eficiência, capacidade e poder; tudo que possa demonstrar ou expor nossa insegurança, fragilidade e vulnerabilidade.

A Obstinação, atributo do ego, se caracteriza em confiar apenas no que pode ser medido, avaliado e comprovado pelo raciocínio lógico da mente e, simetricamente, em rejeitar tudo o que confronta suas crenças e verdades "absolutas". A Obstinação é cega, não reconhece seus limites e seu objetivo final é, direta ou indiretamente, obter reconhecimento, aprovação e valorização externa acreditando, ilusoriamente, que assim seu valor pessoal será confirmado.

Ao não obtermos esse reconhecimento que perseguimos ansiosamente, nosso veredicto é de que não nos esforçamos o suficiente, não fomos capazes e, portanto, algo fugiu do nosso controle. Decidimos que é preciso ter mais atenção, determinação e força para evitar novas falhas. Não nos ocorre, por exemplo, fazer diferente, mas apenas fazer mais do mesmo. Assim sendo, a Obstinação retroalimenta a si própria e estabelece um círculo vicioso, que só será interrompido quando houver, em consequência da repetição dos fracassos, a aceitação de que precisamos transformar alguma coisa em nós. É a partir desse ponto que a Obstinação diminui e a Entrega se torna uma possibilidade.

Com obstinação, é possível obter o que queremos? Sim, é possível. Mas a questão a ser colocada é: a que custo? Podemos agir como um "trator" e alcançar nosso objetivo, mas se deixarmos um rastro de destruição na "lavoura", consequências desastrosas ocorrerão no futuro. Assim sendo, cabe se perguntar: vale a pena tanta obstinação para, no fundo, apenas apaziguar o medo (do ego) de fracassar? Provavelmente não, porque há outras formas de conquistar o que queremos sem causar prejuízos para ninguém, especialmente a nós mesmos.

Uma questão fundamental, difícil de perceber e que gera muita confusão, é encontrar o limite entre Entrega e Obstinação. Qual o momento certo de fazer a Entrega? A partir de qual ponto passo a ser obstinado? Como posso evitar as consequências negativas da minha Obstinação? Terei desistido cedo demais ou ultrapassei o limite? São perguntas pertinentes, mas com respostas difíceis, porque a generalização é impossível e o "certo" depende do estado de Consciência de cada um, assim sendo, o que vale para mim pode não se aplicar a outra pessoa e vice-versa.

Pode parecer óbvio e é mesmo, mas o momento da Entrega acontece quando percebo minha Obstinação presente, quando minhas ações se tornam estressantes, desgastantes e geram conflito e desconforto para mim e para os demais envolvidos; quando procuro controlar a situação e impor minha vontade a todo custo; quando há um sentido de urgência injustificado nas minhas atitudes; quando os resultados deixam de acontecer ou são ineficientes; quando me sinto emocionalmente extenuado ou desanimado; quando percebo que procrastino ou evito de tratar determinada questão, e assim por diante. Todos esses "sintomas" de Obstinação costumam se refletir no nosso corpo, de alguma forma, e servem de sinal de alerta.

A chave está exatamente em observar os fatos mencionados acima, com a intenção deliberada e sincera de entender, em termos de causa e efeito, a verdade que nos diz respeito e está por trás dos acontecimentos. Cada pessoa, ao seu tempo, encontrará sua forma particular de fazer a Entrega e renunciar à Obstinação.

A Entrega, em última análise, é aquiescer e confiar na Vontade de Deus da forma que nossa intuição indicar, por mais difícil e estranho que possa parecer. É um ato de fé, por essa razão, a melhor forma de expressar a Entrega é com uma prece, que traduza o que se passa em nosso coração. Deus não precisa de explicações adicionais. Ele já sabe, e como Sua Vontade é uma só, que nós todos sejamos felizes, então, ao me render à Sua orientação, aceito Seu amor por mim e, ao mesmo tempo, expresso amor por mim mesmo.

Tema para Meditação: defrontar nossa incapacidade ou impossibilidade de resolver determinadas questões em nossas vidas é sempre um momento de aflição, frustração e até desespero. Pense em numa situação, recente ou antiga, na qual você tenha se deparado com um episódio dessa natureza. Procure relembrar os detalhes do ocorrido, seus sentimentos correlacionados com este episódio e a solução que encontrou.

Exercícios: com base nessa meditação, respondas às questões abaixo.

1) Quais são os sentimentos que identificou ao relembrar a situação?

2) Há algum autojulgamento da sua parte ao reconhecer que precisa de orientação? De que tipo?

3) Francamente, o que o motiva a pedir orientação e suporte?

4) Como você se sente ao reconhecer a necessidade de confiar na orientação de alguém? Quais são suas pré-condições para que tal aconteça?

5) Você é capaz de perceber sua obstinação? Quais são os sintomas? O que você teme que possa acontecer caso sua vontade não seja suficientemente forte?

6) O que pode significar para você a expressão: "Entrega ao Deus Interior"?

FLUIR COM A VIDA

"As atividades mais gratificantes,
não nos vêm naturalmente;
mas demandam um esforço inicial
que relutamos em fazer."
Mihaly Csikszentmihalyi[1]

Saio do albergue de Roncesvalles, Espanha, no alto dos Pirineus, a poucos quilômetros da fronteira com a França, para uma manhã de céu azul profundo. O ar frio e seco nesse meio de primavera arde nos meus pulmões, mesmo assim respiro fundo mais uma vez e procuro me animar após uma noite mal dormida.

Minha primeira noite como peregrino rumo à Catedral de Santiago de Compostela, distante 800 km de onde me encontrava, será inesquecível, seja por conta da minha ansiedade, seja pelo inusitado da situação.

No grande salão dormitório do albergue, escolhi minha cama na parte de baixo do beliche. Olhei para o colchão gasto e não pude evitar de imaginar quantos milhares de peregrinos já tinham deitado ali. Imediatamente afastei esse pensamento, estiquei meu saco de dormir novinho em cima do colchão, tirei as botas e deslizei para

---

1 Psicólogo de origem croata, criou o conceito psicológico do Flow (Fluxo), um estado mental altamente focado que decorre da execução de uma atividade, não em virtude de resultados futuros, mas em razão da própria atividade em si mesma. Os conceitos do *Flow* estão sistematizados no livro *Flow, a Psicologia do alto desempenho e da felicidade*, Editora Scharcz S.A., Rio de Janeiro, RJ, 2020 (Edição Atualizada).

dentro, tendo antes o cuidado de improvisar o travesseiro com o meu blusão. Agora era dormir para acordar disposto para enfrentar o primeiro dia no Caminho, afinal seriam 27,4 km caminhando, boa parte do trajeto dentro da floresta até Larrasoaña. Às 22h, as luzes do albergue se apagaram. O sono não chegava, estava excitado demais; além disso, o movimento em volta atrapalhava.

No salão repleto do albergue deveria haver entre 150 e 200 pessoas, acomodadas em beliches dispostos em "ilhas", cada uma com quatro beliches juntos. Lá fora estava frio, mas dentro, com tantas pessoas, estava até quente e abafado. Nada de dormir. Fui ficando cada vez mais ansioso e preocupado em não ter disposição para caminhar no dia seguinte. Comecei a entender o que é sentir medo do medo... uma sensação de sufoco e num beco sem saída. As pessoas já estavam todas deitadas e, à medida que a noite seguia, ainda insone, o "concerto" começou. Uma verdadeira sinfonia composta por roncos, espirros, tosse, arrotos, estômagos rugindo, peidos, aliás muitos, sussurros, gemidos, tudo isto multiplicado por 149 ou 199 pessoas (naturalmente, estou me excluindo dessa contagem...). É impressionante a capacidade do corpo humano de produzir tantos e tão variados sons.

Quando parecia que finalmente ia pegar no sono, o ocupante de cima resolveu ir ao banheiro e, ao descer, o beliche estremeceu tanto que até pensei que fosse desabar. Peguei finalmente no sono, mas acordei com um bando de franceses falando em voz alta bem perto de onde estava. Era demais! "Fermez la bouche![2]" gritei, protegido pela escuridão do salão ainda com as luzes apagadas. Ficaram em silêncio uns 2 minutos, mas logo recomeçaram. Desisti, até porque às 6 horas as luzes se acenderam e era hora de levantar. Pensei comigo mesmo, como vou conseguir andar se estou me sentindo mais cansado do que ontem após ter feito uma longa viagem? O medo já me fazia pensar em desistir antes mesmo de começar.

---

2 Numa tradução livre: "cala boca".

Ricardo L. Porto

O albergue de Roncesvalles fica no antigo Hospital dos Peregrinos, um imponente edifício de pedra que fica em frente à Real Colegiata de Santa María de Roncesvalles, um monastério construído no século XI e um dos marcos do Caminho de Santiago de Compostela.

Na noite anterior, como é tradição para quem inicia o Caminho, assisti à missa de Benção dos Peregrinos na capela do monastério. Durante a missa, cada um dos peregrinos ali presentes é identificado pelo nome e país de origem. Emocionante!

Reza a lenda que o Caminho, graças à poderosa energia que lhe foi conferida por milhões de peregrinos que o trilharam por séculos, com fé e superando dificuldades, atende a toda Intenção manifestada de forma sincera por quem o quer percorrer. Minha Intenção, ou seja, o que pretendia obter durante minha peregrinação e expressei silenciosamente durante a missa, era a de me aprofundar no autoconhecimento. Queria aproveitar o distanciamento da minha vida cotidiana, com todas suas atribulações, boa parte delas desnecessárias, para me conhecer melhor e, se possível, esclarecer e resolver questões que me acompanhavam há muito tempo e incomodavam bastante, sendo bem honesto.

Tudo isso me passou pela cabeça enquanto, estático na frente do albergue, criava coragem para começar. Foi quando um grupo de peregrinos passou por mim na direção por onde o Caminho seguia, em Roncesvalles. Buen Camiño[3]! gritaram alguns ao me verem ali parado. Foi a senha que precisava para me pôr em marcha. Buen Camiño, gritei de volta! Respirei fundo mais uma vez o ar puro dos Pirineus, pedi a benção de Nossa Senhora e comecei o primeiro dia, de um total de 33 que me levariam até a Catedral, onde Tiago, apóstolo de Jesus Cristo, supostamente foi sepultado. Ultreya[4]! bradei eu, em silêncio, para mim mesmo.

---

3 Buen Camiño, Bom Caminho, é a saudação usual trocada entre os peregrinos ao se cruzarem.

4 Expressão de origem latina que significa: "avante, seguir em frente com coragem e entusiasmo".

121

Nesses primeiros quilômetros o caminho é fácil, aberto e segue descendo sem exigir muito dos joelhos. Logo começo a ver os sinais que indicam a direção para os peregrinos pintados em árvores, pedras, muros, em qualquer lugar onde possam ser facilmente visualizados. Na região de Navarra, Espanha, por onde passa o chamado Caminho Francês, que se inicia na base dos Pirineus, em Saint-Jean--Pied-de-Port, França, os sinais são pintados na forma de um retângulo bicolor – branco e vermelho. Só bem para frente começam a aparecer as famosas setas amarelas, que predominam até a chegada a Santiago de Compostela. Os sinais, independentemente da forma, são fundamentais para evitar tomar uma direção errada e se perder, que é o maior temor de todo peregrino iniciante. Quando a senda entra na floresta conhecida por "Floresta Encantada", a exuberante vegetação pirenaica formada por pinheiros, carvalhos centenários frondosos, azevinhos e bétulas ensombrece a trilha, o que obriga os caminhantes redobrarem a atenção em busca dos sinais.

Após caminhar uma centena de metros sem avistar nenhum sinal, comecei a me inquietar. Outra centena de metros e nada. Nesse ponto, o pânico já estava presente e o velho conhecido sentimento de abandono, de solidão e de impotência diante de uma situação desconhecida e potencialmente ameaçadora, se apoderou de mim. Meu primeiro impulso foi o de dar meia-volta e retornar para Roncesvalles e quase fiz isso.

Porém, em seguida, reconheci que estava com bastante medo, mas lembrei a benção que recebi na capela do Monastério, na noite anterior e da minha Intenção para fazer o Caminho. Sem saber muito bem o que fazer, sentei num tronco de árvore caído na beira da senda, olhei à minha volta a exuberância da vegetação fechada da floresta, os raios de sol que conseguiam se infiltrar por entre a rama fechada das árvores e o silêncio. Um cenário de paz perfeito, que não conseguia absorver com o coração acelerado como estava. Tentei me acalmar, fechei os olhos e comecei a respirar profundamente; aos poucos, minha respiração foi normalizando e, de repente, uma sucessão de imagens, pensamentos e lembranças penetraram minha mente, comecei um diálogo interno.

"Seja na floresta, seja em qualquer outra situação na vida, eu sempre me deparo com as limitações que me impus, que criei para mim mesmo. Naquele momento, a conclusão errônea que me limitava era: não sou capaz de cuidar de mim sozinho, suprir minhas necessidades, me defender ou me proteger, nem conquistar meus objetivos e metas. Portanto, preciso sempre de alguém ao meu lado, que faça tudo isso por mim ou, ao menos, me diga o que preciso e devo fazer. Dependo das pessoas para me sentir bem, nutrido, seguro e protegido. Há muitos perigos e ameaças à solta e muitas pessoas querendo me prejudicar e tirar proveito de mim. Pessoas nas quais não posso e não devo confiar, mas que, no entanto, não sei como me prevenir delas, pois sou muito ingênuo, me falta disposição, determinação, discernimento e força de vontade. Falta-me também força física para lutar e me defender. Por isso enfrento apenas quem é mais fraco do que eu e, portanto, posso derrotar. Faço isso para ter a sensação de que sou forte e corajoso, mas, na verdade, me acho medroso e covarde e, além do mais, sei que as pessoas pressentem isto!".

Este diálogo interior que inundou minha consciência reflete com precisão minhas percepções e avaliações críticas e irreais a meu próprio respeito e que me fazem concluir que sou incapaz de me cuidar. A dor e o sentimento de abandono decorrentes desta minha crença negativa e ilógica explicam minha insistência e exigência descabida de que alguém venha me resgatar e tomar conta de mim. Claro que na prática isto não ocorre, pois ninguém tem a obrigação de entender o que se passa no meu íntimo e, muito menos, de satisfazer minha carência infantil. Na verdade, o que acontece é exatamente o oposto, minha insistência obstinada em obter apoio e acolhimento afasta as pessoas de mim. Após este último pensamento, escuto no meu íntimo uma voz que fala: "é sempre assim, não posso mesmo contar com ninguém!".

Esta sequência de pensamentos concatenados faz todo o sentido para mim. Imagens da minha infância me lembram que tive um pai provedor e uma mãe extremamente amorosa que cuidava de mim e me defendia. Compreendo, portanto, que minha dor do abandono é preexistente, pois não há qualquer motivo real que a justifique. Tanto é assim, que mesmo adulto ao sentir que alguém me apoia e defende, como já ocorreu algumas vezes, inexplicavelmente, me emociono a ponto de ir às lágrimas. Tenho certeza de que a sensação de me sentir abandonado é uma questão da minha Alma, que já vem de outras vidas. Outro exemplo: desde pequeno, quando as aulas terminavam, sentia um pavor injustificável de que minha mãe não estivesse à minha espera para me levar para casa, fato que jamais aconteceu, mas nem por isso o medo desaparecia.

Ter tido todos esses *insights* foi muito revelador. Em primeiro lugar, porque colocou às claras o autojulgamento injusto de que sou despreparado e incapaz de cuidar de mim e, em segundo lugar, me fez entender como a intensidade da minha cobrança em ser "cuidado" sobre as pessoas as fazem, com toda razão, se afastarem de mim, embora a minha conclusão sempre fosse a de que não posso confiar nelas ou em ninguém. Isso tudo, por fim, fortaleceu em mim a disposição de encontrar, de uma vez por todas, uma forma de curar esta questão tão antiga.

Olhar para a vida em perspectiva, revela as inúmeras vezes que tivemos sucesso e fizemos as coisas direito e corrige a crença errônea de que somos incapazes. Porém, é preciso estar atento para evitar a tentação frequente de creditar o que deu certo não ao nosso próprio valor e esforço, mas sim à eventual ajuda recebida de alguém ou até mesmo à sorte. Fato é que nossas questões emocionais cujas causas ainda não nos são totalmente conhecidas nos impedem de fazer uma avaliação justa e imparcial a nosso respeito e, portanto, nos mantêm presos a atitudes improdutivas e geradoras de sofrimentos. Daí a importância de trazer à consciência a verdade dos fatos e a aceitação de que a vida é feita, naturalmente, de erros e acertos.

É fundamental, porém, atentar se não resvalamos para o lado oposto, isso é, hipervalorizamos nossas conquistas e sucessos, a ponto de nos sentirmos superiores ou especiais, o que, aliás, é um sintoma certo de que a crença errônea de incapacidade ou inferioridade continua viva e ativa dentro de nós. Entretanto, se insistirmos em manter comportamentos de autossuficiência e orgulho, inevitavelmente situações ocorrerão para nos mostrar porque estas atitudes são inadequadas. A Lógica da Vida é perfeita.

Fortalecer a autoconfiança não significa desprezar ou prescindir da ajuda de outras pessoas diante de uma necessidade real, mas sim não esperar ou mesmo exigir que os outros resolvam as questões por nós. Agindo assim, nossos relacionamentos se tornarão mais verdadeiros, leves e felizes.

"Fluir com a Vida" significa que, qualquer que seja o aspecto que a Alma veio preencher, desenvolver ou curar, a vida se encarregará de criar as situações propícias para que tal aconteça, seja por meio de um evento ou acontecimento, seja por meio de um encontro ou relacionamento aparentemente casual ou fortuito. Nossa responsabilidade está em não opor resistência nem desmerecer a importância desses eventos; ao contrário, encontrar o significado que esses episódios possam ter para o nosso próprio desenvolvimento.

Me levantei do tronco de árvore caído, sem noção do tempo em que permaneci imerso nas minhas reflexões. Estava ainda aturdido com a profundidade a que chegara, com as imagens e pensamentos que preencheram minha mente. Fechei os olhos mais uma vez e renovei meu pedido de ajuda e proteção para Nossa Senhora e, ao fazê-lo, percebi que a disposição de prosseguir o Caminho retornara. Respirei fundo e segui em frente com o compromisso de estar atento, não apenas aos sinais indicativos de direção, mas a tudo que acontecesse até chegar à Catedral de Santiago de Compostela. Por alguma razão me veio uma certeza de que receberia muitas respostas para minhas incertezas e questões pessoais. Esta é a mágica do Caminho.

Continuei sozinho o caminho pela floresta, no início ainda com o coração acelerado em busca dos sinais, que se apresentavam sempre que necessário, para indicar a direção certa numa bifurcação ou para, simplesmente, confirmar que estava na direção certa. Com o passar dos dias, adquiri tanta confiança que até passei a "adivinhar" quando uma seta amarela ia aparecer. Daí para frente pude desfrutar da experiência que o Caminho de Santiago oferece de uma forma mais plena e prazerosa, já sem o medo de me perder.

Após concluir o Caminho de Santiago, o hábito de observar o que se passa ao meu redor se tornou instintivo, como se ainda estivesse procurando pelas setas amarelas no meio da Floresta Encantada. Não encontrei mais nenhuma é verdade, mas avistei muitas coisas que, possivelmente, não teria percebido sem minha experiência rumo a Santiago de Compostela.

Ultreya!

Reflexão

É preciso identificar como e onde o medo se disfarça e, então, deixá-lo às claras para confrontá-lo até encontrar a crença limitadora que lhe deu origem. Ao fazer isso, é muito importante estar atento aos sinais, aos símbolos e às sincronicidades na tentativa de decodificar e entender as mensagens embutidas nos acontecimentos, mesmo naqueles que parecem ser totalmente inocentes, despretensiosos e meras coincidências. Nosso corpo, nessa busca de significado, funciona como uma bússola, que ativa nossa intuição ou sabedoria interna e chama nossa atenção para o que é relevante.

Todo esse processo deve se tornar um hábito a ser praticado, sem tensão e sem expectativas exageradas, mas com plena atenção às sensações físicas, aos pensamentos e às emoções. Com o tempo, descobriremos a nossa própria forma de executar essa prática e de como validar os *insights* que surgirem.

Meu primeiro ímpeto ao me ver sozinho dentro da floresta fora o de dar meia-volta e correr para segurança do albergue. Afinal, o que mais um "menino indefeso e despreparado poderia fazer no meio da floresta sombria e longe da mãe"? Entretanto, na falta da minha mãe, recorri a Nossa Senhora e me lembrei da intenção de chegar a Santiago de Compostela. Certamente, cada pessoa poderá encontrar uma boa razão e apoio para confrontar o medo e seguir em frente, o que não significa, naturalmente, que em determinadas circunstâncias o bom senso demonstre que o melhor mesmo a fazer seja recuar, fugir, sair correndo.

É bom enfatizar que não há vergonha alguma em fazer isso, se nossa segurança e preservação assim o recomendarem. Nosso primeiro compromisso é sempre com nós mesmos.

Portanto, "Fluir com a Vida" significa aceitar os "chamados e convites que a vida ou a Alma nos enviam" e que nos oferecem a oportunidade de questionar e superar os medos que nos limitam e criam atitudes e situações improdutivas. É preciso coragem é verdade, mas reconquistar a confiança e a liberdade não tem preço.

Tema para Meditação: "Fluir com a Vida" é uma escolha e uma atitude. Antes de iniciar sua meditação, leia os passos descritos no exercício abaixo. Feito isso, feche os olhos e escolha uma situação real na qual você tenha sentido medo. Procure se lembrar dos detalhes de como tudo se passou.

Exercício: Confrontando o Medo

1) O primeiro passo é reconhecer que estamos com medo e que o medo nos paralisa e obscurece nosso raciocínio e discernimento.

2) O segundo passo é identificar a origem do medo, por exemplo: medo do perigo físico, medo de arriscar, medo de falhar, medo

de ser julgado, criticado etc. Medo, todos nós sentimos embora nem sempre saibamos o seu porquê ou sua causa.

3) O terceiro passo, portanto, é perceber as consequências reais do medo no nosso corpo, em nossas emoções e atitudes: palpitações, pressão no peito, suor, frio na barriga ou dor de estômago, ansiedade, desespero, desânimo, imobilismo, falta de ânimo e força de vontade etc.

4) Cada um conhece as próprias reações quando o medo aparece e sabe, intuitivamente, que há três possibilidades: fugir da situação que causou o medo, ignorar o que está acontecendo ou enfrentar a causa do medo. Dessas alternativas, apenas enfrentar o medo e sua causa nos permite entender a irracionalidade da situação, que estamos enfrentando e assumir uma atitude positiva que nos possibilite, gradativamente, a superação da origem do medo.

5) Após concluir as etapas sugeridas no exercício, descreva no seu diário suas descobertas, conclusões e, se for o caso, seu compromisso de mudança.

MOTIVAÇÃO E DECISÃO

"O que for a profundeza do teu Ser,
assim será teu Desejo.
O que for o teu Desejo, assim será tua Vontade.
O que for a tua Vontade, assim serão teus Atos.
O que forem teus atos, assim será teu Destino."
Do Brihadaranyaba Upanishad[1]

"Motivação, honestidade para consigo mesmo e
autorresponsabilidade caminham juntos."
Darc

No início dos anos 90, enfrentei meu período profissional mais difícil e desafiador. Era diretor e sócio minoritário de uma empresa de tecnologia da informação que ajudara a constituir ainda em meados da década anterior. A empresa teve um crescimento exponencial, graças ao "boom" de desenvolvimento da indústria de informática no Brasil sob a proteção da Lei da Reserva de Mercado então vigente e, é preciso reconhecer, graças ao fato de um grande banco e importante cliente de tecnologia da informação ser também sócio do empreendimento.

1 O Brihadaranyaba Upanishad é uma das primeiras e mais importantes escrituras do Hinduísmo. Estima-se ter sido escrita, em Sânscrito, aproximadamente, no ano 700 D.C.

Apesar do sucesso da empresa, eu não estava feliz. Vivíamos no Brasil tempos conturbados na economia e na política, em virtude de uma sucessão de planos econômicos malsucedidos, o último, inclusive, acabara de ser promulgado pelo recém-empossado presidente Collor. Paralelamente, também não me sentia confortável como a empresa vinha tratando determinadas questões internas nem me sentia preparado para lidar com estas situações, embora relutasse em reconhecer esse fato para mim mesmo. O fato é que não fiz nada que pudesse alterar esse cenário, simplesmente me resignei.

Nesse contexto, fui aos poucos notando que algumas decisões importantes eram tomadas sem meu conhecimento, certos comentários depreciativos sobre meu desempenho chegavam ao meu conhecimento, acarretando um efeito desastroso sobre minha autoestima. Em conclusão, sem qualquer planejamento prévio da minha parte e até de forma intempestiva, decidi renunciar ao meu cargo estatutário na sociedade, pedido que foi prontamente aceito pelos sócios e até, acredito, com uma certa satisfação.

Deixei a empresa no prazo estipulado, sem alarde nem homenagens. Apesar de ter sido decisão minha, saía magoado, machucado, frustrado e com raiva. Uma raiva difusa que não tinha um destinatário específico, pois era dirigida a todos os responsáveis pelo meu insucesso. Inclusive a mim mesmo, devo reconhecer.

Como disse, não planejei nada, simplesmente me deixei levar pelas emoções, pela confusão do momento e me entreguei aos velhos sentimentos de desqualificação, vitimização e baixa autoestima. Claro que afirmo tudo isso com o conhecimento que tenho hoje, mas, na época, não fazia a menor ideia do que se passava.

Ficar sem uma atividade, um trabalho, era inadmissível para mim e só aumentava minha ansiedade e retroalimentava meu desconforto emocional. Acreditei sempre que meu valor pessoal dependia exclusivamente da minha capacidade de realizar e fazer, portanto, o não fazer seria sinônimo de falta de valor. Numa conclusão totalmente equivocada, mas com uma força enorme de influenciar meu estado de espírito, pensava: "o que as pessoas, meus filhos, vão pensar de mim ao me virem em casa, sem ter o que fazer?". Mas não bastava apenas ter um novo trabalho, precisava ser um empreendimento grande, com sucesso e, idealmente, que concorresse e superasse a empresa anterior. Queria mostrar para meus antigos sócios a minha capacidade e o tanto que eles perderam com a minha saída. Esta era, sem dúvida, minha maior motivação.

No entanto, não sabia por onde começar. Estava perdido, confuso e cada vez mais estressado com a falta de direção. Mas continuava preso ao meu desejo de desforra ou vingança. Nessa ocasião, um amigo me sugeriu fazer um curso no INSEAD[2], pois a exposição a novas ideias poderia me inspirar num novo empreendimento. O curso foi muito bom, entretanto estava tão obcecado com o objetivo de empreender um negócio que concorresse com minha antiga empresa, que não enxergava mais nada na minha frente. Só anos mais tarde pude perceber que meu novo caminho – a área de Recursos Humanos – me tinha sido apresentada nas aulas de Comportamento Organizacional[3] do INSEAD e eu, simplesmente o havia ignorado, a despeito do entusiasmo que o assunto me despertara. O meu desejo de revanche exigia algo muito mais contundente e vistoso do que "qualquer" atividade relacionada com Recursos Humanos.

Os indícios, os sinais, os avisos, os cartazes, os letreiros, os *outdoors*, as manchetes de jornal, os especialistas, os consultores, os amigos, a família, todo mundo pode nos mostrar alguma parte ou a totalidade da verdade, mas se não estivermos preparados ou se não for a "verdade que nos interessa conhecer", de nada adiantará toda boa vontade ao nosso redor.

---

2 INSEAD – Institut Européen d' Administration des Affaires, Fontainebleau, France.

3 Para mim, as aulas mais interessantes, tanto assim que passados mais de 30 anos, não me esqueço do ótimo professor espanhol chamado Fernando Bartolomé.

A obstinação cega, restringe, limita e "emburrece". Assim era meu momento, assim eu estava.

Os cinco anos que se seguiram foram marcados por empreendimentos e iniciativas que não deram certo, sob o ponto de vista empresarial. E nem poderiam, pois minha motivação em cada empreendimento continuava distorcida e ainda contaminada pelo desejo de me provar e de revanche contra meus antigos sócios. Mas isso só percebi muito, muito tempo e dinheiro depois.

Felizmente, a Lógica da Vida é um processo que se retroalimenta e se autorregula, independentemente da nossa vontade, em virtude da sua eterna vocação por expansão e desenvolvimento. Esse movimento nos "carrega" juntos se, claro, não opusermos muita resistência e se seguirmos o fluxo dos acontecimentos, na confiança de que o melhor para nós, aquilo que realmente nos é necessário vai acontecer. Hoje, estou convencido disso, mas custei a aprender.

Bem mais recentemente, o tema da motivação retornou, quando um negócio pelo qual me interessava foi desfeito na última hora. Meu desânimo e decepção com o acontecido reavivou em mim o velho sentimento de vitimização: "nada dá certo para mim mesmo..., é sempre assim, eu já sabia...". Felizmente, me recuperei desse sentimento infantil de impotência e desalento, quando na meditação da manhã seguinte, após pedir orientação para o que ocorrera, ouvi: "Qual era sua verdadeira motivação nesta questão? É o mais importante a esclarecer, pois é o que define a qualidade da sua ação e, consequentemente, a qualidade dos resultados. A motivação vem da "...profundeza do Ser", ou seja, deve estar em sintonia com o desejo da sua Alma por justiça, verdade, compaixão e amor. Portanto, é imprescindível estar consciente do "porquê" por trás da sua intenção de realizar ou conquistar seja lá o que for. E para obter esta clareza, é preciso não se deixar levar pela programação do seu "piloto automático".

Sem reconhecer e esclarecer qual é nossa real Motivação, em primeiro lugar, torna-se impossível assumir a responsabilidade pelos resultados positivos ou negativos do que fazemos e, consequentemente, restringe nossa capacidade de aprimorar o que já fazemos bem ou de transformar o que precisamos mudar em nós.

Em segundo lugar, é necessário distinguir quando a Motivação é positiva ou negativa. Será negativa quando tiver origem em algum sentimento associado ao medo como, por exemplo, a ansiedade ou o orgulho, a necessidade de se mostrar superior, o desejo de obter gratificação e reconhecimento externo, e assim por diante. A Motivação positiva, diferentemente, não apenas está alinhada com a necessidade da Alma, como também leva em consideração aspectos éticos que respeitem e preservem os interesses de todos os envolvidos no curso da ação.

Retornei com a meditação e obtive a confirmação dos meus pensamentos: "Não coloque os resultados em primeiro lugar, na frente do processo. O que determina a qualidade do resultado é a excelência do processo, portanto realize tudo com boa vontade, integridade, atenção, desprendimento, alegria e leveza. A motivação certa é fazer o melhor na busca da verdade, em benefício de todos e de promover o amor sem condições e sem restrições. Esse é o Propósito, que deve determinar a sua motivação, ou seja, a Motivação é o Propósito e o Propósito deve ser a Motivação, nada além disso".

A motivação é negativa por não ser sincera nem honesta, já que tem uma segunda intenção oculta, diferente daquela que se quer aparentar. Na verdade, nesse caso, o que se pretende é justamente camuflar a intencionalidade negativa por trás da ação.

Por exemplo, posso ter uma atitude com a motivação altruísta de ser útil e contribuir para o desenvolvimento de alguém, fazer isso sem alarde e sem divulgação. Mas posso também fazer tudo da mesma maneira, com o único interesse de mostrar minha generosidade para me autopromover. Ainda que para o receptor das duas ações seja indiferente, quando há uma segunda intenção na ação, provavelmente os resultados podem não se concretizar da forma desejada.

Logo me ocorrem mais exemplos dos dois tipos de motivação: minha motivação em ter segurança financeira decorre do prazer de poder desfrutar de conforto e tranquilidade ou para impressionar os outros e me vangloriar? Eu me esforço no trabalho, me dedico, faço o meu melhor para sentir feliz comigo mesmo ou ajo assim para ser admirado, elogiado e me mostrar superior aos outros? Desejo ter um relacionamento amoroso que preencha a ambos ou um que apenas preencha minha carência afetiva? Ambiciono ter saúde e boa forma física para estar bem e com disposição ou para me comparar com as pessoas e me mostrar melhor do que elas?

A despeito da disposição e esforço de alguém em mascarar sua motivação distorcida ou negativa, de alguma forma a energia desta motivação "vasa", contamina suas ações e atitudes a ponto de criar um clima de insegurança e desconfiança nas pessoas ao redor. Essa sensação "de algo estranho no ar" acaba por comprometer ou mesmo inviabilizar tudo o que se pretendia obter.

Nem sempre a motivação distorcida pode ser tão facilmente identificada. Há casos em que as verdadeiras razões estão inconscientes e, portanto, difíceis de serem percebidas. Um bom indício de que a motivação possa estar "contaminada" é quando o processo com o qual estejamos envolvidos se torna lento, errático, cansativo e até irritante. Quando isso ocorrer, é recomendável refletir sobre a motivação com sinceridade e honestidade, para perceber se há alguma distorção presente que desvirtue nossas ações. Muitas vezes um cuidadoso exame de eventos repetitivos que ocorrem durante o processo pode ajudar na identificação de um denominador comum entre eles e, a partir dessa observação, ter um *insight* da motivação distorcida.

Podemos também, equivocadamente, acreditar que nossa motivação não é justa, não é ética, não é certa, por conta de preconceitos ou de conclusões errôneas. Por exemplo: achar que orar pedindo por saúde para si mesmo possa parecer, por força de convicções religiosas, uma motivação egoísta quando na verdade não é. Portanto, mais uma vez, é importantíssimo esclarecer a verdadeira natureza da motivação de forma honesta, realista e descontaminada de crenças desatualizadas.

Reflexão: Tomada de Decisão

Precisamos tomar decisões ou fazer escolhas diariamente. Às vezes trata-se de uma decisão simples, do tipo sim ou não. Mas com muita frequência nos deparamos com situações complexas e importantes que exigem muito cuidado, reflexão e análise para tomarmos uma decisão com Consciência e Autonomia e não levados pelo hábito, pela opinião de alguém ou com uma motivação distorcida. Aliás, como eu próprio pude comprovar com minha questão profissional há 30 anos.

Portanto, ter um critério para decidir com Consciência é indispensável e demonstra maturidade emocional, mas requer que sejamos capazes de dar uma resposta honesta e responsável às seguintes perguntas:

* **Eu sei o que eu quero?** – a resposta pode parecer óbvia, no entanto, se nos aprofundarmos nesse quesito, pode não ser tão claro assim. Uma boa forma de esclarecer esse ponto é identificar se o que quero atende a uma necessidade real e é uma escolha exclusivamente minha, ou se há a intenção de não desagradar alguém. Uma forma de identificar alguma influência externa é observar se há algum desconforto, receio ou incerteza presente no momento de decidir. Greg McKeown, em seu livro *Essencialismo* nos dá um critério muito objetivo para avaliar e escolher o que queremos. Diz ele: "Se (o que queremos) não for um sim óbvio, então é um não óbvio".

* **Por que quero o que quero?** – é a motivação que precisa ser a positiva, nobre, generosa, verdadeira, honesta, de tal natureza

que traga benefícios para todos os envolvidos, que crie abundância, preserve e respeite toda forma de vida em cada um dos seus aspectos. Portanto, a motivação deve estar alinhada com o Propósito Pessoal. Se a motivação não estiver clara e descontaminada, é preferível não decidir nada e continuar na busca por esclarecimento.

* **O que eu quero é viável?** – ser realista, prático e objetivo na avaliação da viabilidade do que se quer é pré-condição para evitar frustrações desnecessárias. Não se trata apenas de mensurar aspectos quantificáveis e materiais, mas também e principalmente, questões emocionais emaranhadas no processo de decisão. Por exemplo: estou seguro, confio na viabilidade desse projeto? Sinto medo de que algo não dê certo? Qualquer desconforto emocional deve ser investigado, pois pode levar de volta à questão da motivação negativa ou indicar que há dúvidas a serem esclarecidas ou questões ainda a serem reavaliadas. A falta de clareza, naturalmente, enfraquece a disposição de realizar.

* **Estou disposto a pagar o preço pela minha decisão**? – toda escolha representa a renúncia de uma alternativa com suas vantagens e desvantagens. E isso vale, inclusive, claro, para a decisão de não decidir nada. Qualquer que seja o caso, sempre haverá uma consequência, um preço a ser pago em decorrência da nossa opção como, por exemplo, desagradar ou decepcionar alguém. É inevitável. Não reconhecer esse fato é sinal de imaturidade, falta de compromisso com a decisão e recusa de assumir a responsabilidade. De novo, a motivação pode, ainda, conter alguma distorção.

O processo de decisão pode ser muito sutil, com nuances que podem passar despercebidas, especialmente se nos deixarmos levar pela ansiedade ou pelo hábito. Quando estamos ansiosos, não olhamos os fatos com imparcialidade e isenção, desconsideramos nossa intuição, agimos de forma automática, perdemos a nossa autonomia como referência. Criamos as condições para nos autossabotarmos e, então, perplexos, dizemos: "Por que fiz isso? Nem sei como isso foi acontecer. Não é minha culpa, foi um acidente, foi falta de sorte ou, finalmente, foi castigo de Deus".

O papel da mente no processo de decisão é organizar, entender e analisar os fatos com clareza e objetividade, sempre que possível. Porém, para chegarmos a uma decisão equilibrada e madura, precisamos também do coração, que leva em consideração aspectos que a mente não reconhece. Coração e Mente não são antagônicos, mas parceiros que se complementam.

Meditação

Antes de iniciar a Meditação, pegue uma folha de papel e descreva sumariamente um desejo ou uma intenção recente ou mais antiga, que não tenha se concretizado em todo ou em parte.

Tão logo tenha terminado, deixe a folha de lado e inicie sua Meditação, conforme as indicações abaixo.

Feche os olhos, coloque sua atenção na respiração, no ar que entra pela base do nariz, bem abaixo das narinas e percorre seu corpo, até sair pela boca, que está ligeiramente entreaberta. Respire dessa forma, profundamente, 5 vezes e tente identificar no corpo a localização exata do Ponto de Ancoramento, que é onde você percebe sua respiração mais fortemente.

Continue a respirar mantendo sua atenção no corpo e, à medida que respira, relaxe, libere suas tensões e, se houver algum ponto mais tenso, dirija sua atenção para esse lugar e "respire" ali, até que a sensação desapareça. Você pode repetir essa "manobra" sempre que perceber algum desconforto no corpo.

Caso a mente divague por conta de algum pensamento, apenas observe sem julgamento, sem crítica e sem se prender a ele.

Apenas observe o pensamento e deixe que ele se vá e, então, retorne sua atenção para o Ponto de Ancoramento. Repita essa "manobra" – retornar ao Ponto de Ancoramento – sempre que um pensamento desviar sua atenção da respiração.

Perceba como, gradativamente, a chegada de novos pensamentos diminui, como você está mais consciente do corpo e, ao mesmo tempo, mais relaxado. Respire, calma e suavemente, até perceber sua mente mais silenciosa e você mais atento ao que se passa no corpo e às suas sensações e sentimentos.

Agora pergunte-se: "Qual era minha verdadeira Motivação ao querer realizar aquele desejo"? Ou diga: "Peço ajuda para ter clareza sobre minha verdadeira Motivação para realizar aquele desejo".

Se sentir necessidade, repita em silêncio essa pergunta. Continue de olhos fechados, tranquilo e atento ao que emergir na sua mente em resposta à sua questão. Apenas observe o que vier, sem julgamentos e sem expectativas.

Quando se sentir pronto(a), abra os olhos e escreva tudo que você "ouviu" durante sua Meditação.

Exercício

1) Considerando seu desejo não realizado, responsa: Foi possível identificar sua Motivação? É possível correlacionar sua Motivação com a *Não concretização* do seu desejo? O que você pôde descobrir de novo sobre você? Quais foram os seus sentimentos ao ler o que escreveu após a Meditação?

2) Você pode repetir todo o exercício, desde a Meditação, considerando agora um desejo que *tenha se concretizado*.

3) Se for possível, compare as duas experiências – a "positiva" e a "negativa" – e identifique as principais diferenças entre ambas.

4) Se estiver na iminência ou necessidade de decidir alguma questão, procure seguir as 4 etapas mencionadas no Processo de Decisão e observe se, após tê-las seguidos, você se sente mais seguro e confiante para tomar sua decisão. Escreva o que lhe ocorrer.

AUTOESTIMA

"To love yourself is the only thing you need to do!"[1]
Anita Moorjani[2]

"De todos os julgamentos que fazemos, nenhum é tão
Importante quanto o que fazemos de nós mesmos."[3]
Nathaniel Branden

"Ninguém pode fazer você se sentir inferior,
A não ser você mesmo."[4]
Dra. Edith Eva Eger

"Sempre que existe uma forma distorcida de amor-próprio,
existe, necessariamente, um aspecto nosso de autorrejeição,
por questões reais ou imaginárias."[5]
O Guia do Pathwork©

---

1 Numa tradução livre: "Amar a si mesmo é a única coisa que você precisa fazer".

2 Anita Moorjani, escritora de origem indiana, nascida em Singapura e criada em Hong Kong, autora dos livros: *Dying to be me* (2012), *What if this is Heaven* (2016) e *Sensitive is the new Strong* (2021).

3 Em *Autoestima e os seus seis pilares*, 1995, Editora Saraiva, São Paulo, SP.

4 De *A bailarina de Auschwitz*, Dra. Edith Eva Eger, Editora Sextante, 2019, Rio de Janeiro, Brasil.

5 Palestra do Guia do Pathwork© 053 – Autoestima, Eva Broch Pierrakos, 19/06/1959, The Pathwork© Foundation, NYC, USA.

Meu pai norteou minhas atitudes por muito, muito tempo, e até hoje ainda dá alguns "pitacos" não solicitados. A diferença é que agora consigo perceber quando faço alguma coisa, automaticamente, ainda na tentativa de agradá-lo e quando faço o que devo fazer apenas por mim mesmo. Pode parecer estranho eu reconhecer isso na minha idade, mas é o que acontece. Penso que passamos boa parte da vida procurando "liberar nossos pais de dentro de nós" até podermos expressar quem somos com verdadeiramente e com autonomia.

A questão fundamental, entretanto, sempre foi minha convicção de que, por mais que me esforçasse, não seria capaz de satisfazer aos anseios do meu pai, simplesmente porque não me sentia em condições de fazê-lo. Jamais me ocorreu que a impossibilidade de atender às suas expectativas se devesse às exigências e regras de um sistema cujos princípios estavam alicerçados em conceitos distorcidos, verdades obsoletas e regras irrealistas ou "não-executáveis"[6]. Mas, por ainda não saber disto, continuei tentando reproduzir o modelo que meu pai me apresentou e com este objetivo até construí uma versão idealizada de mim mesmo.

Entretanto, a consciência de que minhas atitudes eram falsas e interesseiras, piorava minha autoavaliação, aumentava o vago sentimento de inadequação e desmerecimento, com a consequente diminuição da minha autoestima.

O fato de nos deixarmos influenciar pela opinião dos outros a nosso respeito é a causa do que o psicólogo Alfred Adler definiu, pela primeira vez, como sendo Complexo de Inferioridade, que se caracteriza por este sentimento de inadequação altamente depreciativo sobre nós mesmos.

---

6 A expressão "Regras não Executáveis" foi empregada pelo Dr. Fred Luskin no seu livro *O poder do perdão*, 2002, W11 Editores Ltda., São Paulo, Brasil, para se referir àquelas expectativas, solicitações, demandas ou mesmo imposições que fazemos para alguém que, simplesmente, não tem condições de atendê-las pelo motivo que for. Dr. Luskin conclui que essas "exigências irrealistas" causam frustração e mágoa tanto em quem é demandado quanto em quem demandou (Capítulo 5).

Já o escritor e psicólogo Dr. Nathaniel Branden, autor de vários livros sobre Autoestima, define muito bem as consequências da autoavaliação em nossas vidas, como nesta citação retirada do seu livro já referenciado, *Autoestima e os seus seis pilares*:

> A forma como nos vemos influencia todos os aspectos da nossa experiência, desde a maneira como agimos no trabalho, no amor e no sexo, como atuamos como pais e determina até onde, provavelmente, subiremos na vida. Nossas reações aos acontecimentos cotidianos são determinadas por quem e pelo que pensamos que somos. Os dramas de nossa vida são reflexos da avaliação que fazemos de nós mesmos. Assim a autoestima é a chave para o sucesso ou para o fracasso e, também, para entendermos a nós mesmos e aos outros.

Neste ponto, abro um parêntesis para destacar que a minha autoavaliação decorreu de uma interpretação exclusivamente minha, pois nunca ouvi do meu pai ou da minha mãe qualquer afirmação depreciativa a meu respeito. As cobranças que meus pais me fizeram, com intensidade é verdade, foram as usuais da época: fazer as coisas direito, me comportar, estudar e passar de ano no colégio, nada além disto. Foi assim comigo e com a maioria dos meninos e meninas da minha geração, os *"baby boomers"*[7].

Meu entendimento hoje, com base no que aprendi da Psicologia Transpessoal, é de que trouxe como tarefa para esta vida uma "programação interior" preexistente para manifestar uma baixa autoestima que o contexto familiar e a cultura de época vivenciados "apenas" se encarregaram de fazer aflorar à minha consciência.

Nossas experiências na infância, não importam se favoráveis ou desfavoráveis, que repercutem ao longo da nossa fase adulta, expressam exatamente as condições que vão nos possibilitar o aprendizado

---

7 Geração dos nascidos entre os anos 1940 e 1960.

necessário para superar as questões fundamentais que nossa Alma se comprometeu resolver.[8] No meu caso, por exemplo, estou convencido de que precisava ressignificar minha crença inata de autodesqualificação ou de desvalorização para fortalecer minha autoestima e, assim, manifestar minha verdadeira Essência.

Fecho o parêntesis e retorno com a definição do Dr. Branden para reconhecer que, na maioria das vezes, a autoavaliação depreciativa que fazemos a nosso respeito confirma a "nota baixa" que nos atribuímos.

Esta "nota baixa", decorrente do nosso autojulgamento desfavorável, é a responsável por sermos tão obstinadamente susceptíveis e dependentes à opinião que as pessoas têm a nosso respeito. No entanto, como é impossível obter a aprovação unânime de todo mundo, pois sempre haverá alguém que discorde ou nos desaprove, em alguma medida, a frustração será o resultado inevitável que vamos obter.

A necessidade de reconhecimento externo, dependendo da sua intensidade, pode até tornar-se uma compulsão, que acaba por motivar a rejeição das pessoas ao se sentirem incomodadas e até desconfiadas com nossa insistência em agradar. Ou seja, obtemos o resultado oposto ao que pretendíamos e, se não bastasse, ainda ficamos mal ao perceber nossa dependência da aprovação vinda de fontes externas. Toda esta sequência cria um círculo vicioso que se retroalimenta.

Para compreender melhor como a autoestima funciona e até para aprender como se rompe esse círculo vicioso, que nos é altamente prejudicial, é necessário entender que a Autoestima é constituída basicamente por dois elementos: o sentimento de competência pessoal e o sentimento de valor pessoal. Em outras palavras, a Autoestima é produto da **Autoconfiança com o Autorrespeito**. Ela reflete a avaliação e o julgamento implícito que fazemos quanto à

---

8 Para quem deseja aprofundar este fascinante tema, sugiro a leitura da palestra do Guia do Pathwork© 034 – Preparação para a Reencarnação, que pode ser baixada, gratuitamente, no site do Pathwork©Brasil – www.pathworkbrasil.com.br

nossa capacidade de lidar com os desafios da vida (entender e solucionar os problemas) e nosso direito de ser feliz (respeitar e defender os próprios interesses, necessidades e opiniões). Em síntese, ter uma Autoestima equilibrada é se perceber capacitado e adequado para enfrentar as situações que a Vida nos apresenta.

Autoconfiança, portanto, é a nossa convicção de que somos capazes de realizar determinadas tarefas e projetos, de nos posicionar e expressar com propriedade sobre algumas questões, de decidir e agir adequadamente quando solicitados ou quando uma dada situação assim o requerer. É uma certeza interior que confere certo tipo de autoridade que não se envergonha, por exemplo, de reconhecer desconhecimento ou incapacidade sobre determinado assunto ou tarefa. A pessoa autoconfiante tem plena consciência do seu potencial e capacidade com base nas suas experiências bem-sucedidas, mas sabe também que não pode tudo.

Na **Autoconfiança,** que não deve ser confundida com Autoafirmação como mencionado no capítulo sobre **Integridade**, a aprovação externa é neutra, o que não significa que é indiferente, mas sim que não é imprescindível e, caso não ocorra nada, mudará em essência.

A **Autoconfiança** também pode ser descrita como ter fé em si mesmo, um pré-requisito da Força de Vontade que, por sua vez, é a disposição de se comprometer, persistir e, principalmente, perseverar. Ter Força de Vontade sem obstinação é o que viabiliza finalizar projetos e vencer os desafios que surgem e, consequentemente, alcançar os resultados que retroalimentam a **Autoconfiança**. A Força de Vontade, por assim dizer, é o motor propulsor da **Autoconfiança**.

Já o **Autorrespeito** significa nosso direito de preservar, defender e priorizar nossos próprios interesses, necessidades, princípios e valores, ou seja, é a afirmação da nossa identidade e integridade.

Para que o **Autorrespeito** possa se desenvolver de forma consistente, é de fundamental importância praticar a **Autoaceitação**, que nada mais é do que o reconhecimento pacífico e compassivo das nossas imperfeições momentâneas. Se insistirmos em nos criticar e desqualificar por não sermos perfeitos por termos falhado, será impossível sentir respeito por nós mesmos e, consequentemente, desenvolver uma autoestima saudável, pois o risco de desistir e se entregar ao desânimo é muito grande.

No entanto, é bom recordar que, se nos avaliarmos com base em métricas distorcidas ou imprecisas, a medição jamais será correta, ou se examinarmos os acontecimentos com lentes obscurecidas ou com graus inadequados, será impossível separar a verdade da ilusão. Portanto, é preciso rever e até ressignificar as conclusões que têm origem em afirmações, mandatos e nas "regras não executáveis" que nos foram ditadas numa fase da vida em que não tínhamos qualquer condição de avaliá-las ou questioná-las.

Demorei bastante tempo para entender que minhas qualidades e deficiências faziam de mim um ser único e, portanto, incapaz de ser o que não era da minha natureza ser, a despeito das cobranças das pessoas a meu respeito. E mais, que não havia nada de vergonhoso nisso. Aliás, compreendi que as expectativas que as pessoas criam decorrem do que elas próprias acreditam ser o certo para elas e concluem ou decidem, genericamente, que se apliquem a todo mundo.

Autoaceitação não significa negligenciar o compromisso com o processo de autodesenvolvimento, mas sim a disposição de questionar este "inquisidor interno implacável" que decidiu sermos um caso perdido e nos condena a conviver com nossas velhas e ultrapassadas crenças de inadequação e incompetência.

Nesse exato momento me lembro de uma frase que me ocorreu durante a meditação: "Você se cobra em demasia por não conseguir fazer tudo. Se recrimina, se coloca lá para baixo. Se esquece de tudo de bom que já fez na vida. Seja mais carinhoso e paciente com você mesmo". Não, não vou me esquecer.

A **Autoaceitação** compassiva adicionalmente nos alivia da culpa e nos permite assumir, com honestidade e sem medo da desaprovação, a responsabilidade pelas consequências dos nossos atos e comportamentos. Nada pode minar mais a **Autoconfiança** do que se sentir indefeso, vítima dos acontecimentos, dependente da vontade de uma autoridade arbitrária e sem ter poder decisão sobre as questões da própria vida.

Acredito, profundamente, que está na baixa autoestima a origem dos nossos conflitos, as dificuldades de relacionamento, a necessidade desmedida de autoafirmação, as frustrações, o pessimismo e a ansiedade, para citar algumas destas consequências. A citação da Anita Moorjani na epígrafe de que "não há nada mais importante do que desenvolver nossa Autoestima" aponta, exatamente, nesta direção.

Desenvolver a autoestima equilibrada pode não ser uma tarefa fácil e, certamente não é mesmo, mas o fato positivo é que só depende da gente. O que nos faz sentir bem com nós mesmos não é estar certo ou não errar, nem tão pouco vencer sempre. O que nos deixa em paz e felizes é dar e fazer o nosso melhor de acordo com nossos princípios e valores, respeitando o direito à vida plena que todos os seres têm. É exatamente esta atitude que nos permite também receber e aceitar elogios, reconhecimento e aprovação com equidistância e satisfação.

Alcançar uma autoestima saudável é um processo que requer determinação, paciência e coragem, mas é o que nos concede a ousadia para sermos nós mesmos.

Tema para Meditação: "A autoestima é resultado da visão que uma pessoa tem de si mesma: da sua aparência física, habilidades, competências profissionais e pessoais, da riqueza dos seus relacionamentos e da sua vida afetiva. É também, e principalmente, consequência do ato de ser ela própria, isto é, de se respeitar e de atuar segundo seus valores e necessidades". Medite sobre este enunciado e peça ajuda para ter uma avaliação clara do ponto em que se encontra em cada um desses aspectos. Ao final da meditação, escreva qual é a melhor descrição de você mesmo.

Exercício

Responda às seguintes perguntas:

1) O que você não aceita em si mesmo? Por quê?

2) Quais foram as frases que ouviu na infância que fortaleceram sua autoconfiança? E quais alimentaram sua insegurança?

3) De modo geral, qual é o seu nível de autoconfiança? Que eventos comprovam essa autoavaliação? Reveja esses fatos e perceba se suas conclusões são corretas.

4) Há algum aspecto seu que não queira tratar, discutir, pensar, que preferiria colocar de lado? Qual(is) e por quê? Quais sentimentos afloram?

5) "Regras não Executáveis" são exigências que nos foram ou são feitas, as quais simplesmente não temos condições de realizar no momento, por uma razão específica. Mesmo assim, não somos capazes de dizer não. Você já enfrentou situações dessa natureza? Quais, quando, como?

6) Como você avalia sua capacidade de se priorizar, de atender às suas necessidades em primeiro lugar e de externar sua vontade e opinião? Como se sente ao se priorizar? Egoísta ou egocêntrico, por exemplo?

7) O que ainda não se perdoou, não aceitou em você mesmo? O que o impede de sentir compaixão por si mesmo?

O SER, O FAZER E A PROCRASTINAÇÃO

> "A procrastinação é um sintoma de desarmonia, que inverte as prioridades, pois o mais importante pode ser o mais difícil e arriscado."
>
> **Darc**

> "A questão não é 'Fazer para Ser', mas sim, 'Ser para Fazer.'"
>
> **Ramesh S. Balsekar**

São 5 horas da manhã. Sento para meditar com um profundo suspiro de cansaço. Penso: como posso estar cansado se acabei de acordar? Imediatamente percebo, presente em mim, um sentimento de sacrifício e desalento como se estivesse diante de um desafio enorme, que exigisse muito esforço, luta e empenho No entanto, simplesmente pretendia iniciar minha meditação.

Ainda tentando iniciar a meditação, uma história real e bem antiga "entra" na minha consciência: minha mãe gostava de "ler as cartas do baralho" para "ver" o futuro. E de tanto ver e ouvir ela falar disso, também quis conhecer meu futuro - e quem não quer? – para obter respostas sobre questões com as quais não sabia lidar nem decidir o que era melhor para mim. Bem, minha mãe ouvira falar de uma afamada "buena dicha"[1] – era assim que ela se referia às cartomantes que liam

---

1 Novo Dicionário Aurélio da Língua Portuguesa: "Boa sorte", sorte, sina. Por extensão: "ler a sorte".

a sorte - que atendia em Campinas, SP. Bem, lá fui eu até Campinas na esperança de obter resposta para uma questão "transcendental": romper ou não o namoro com uma menina. Passados mais de 50 anos desde então, pouca coisa restou daquela consulta: a figura misteriosa e forte da "buena dicha" que até hoje lembro e, principalmente, a sua profecia, quase um mandato, que calou fundo na minha Alma: "Ricardo, nada virá fácil para você, tudo que você conquistar será sempre com muito esforço e trabalho". Ouvi em silêncio esse veredicto e engoli em seco com um suspiro de resignação.

Se a cartomante de fato "lia o futuro ou não", agora é irrelevante. Mas posso garantir que nada, absolutamente nada, veio fácil para mim. Precisei sempre me esforçar muito, trabalhar e até lutar, no bom sentido, para conquistar meu espaço e objetivos. Foi assim, mas não porque minha vida tenha sido difícil, cheia de imprevistos e obstáculos, pois não foi éste o caso. Me deparei com os desafios normais que a maioria das pessoas enfrenta. Assim sendo, por que precisei me esforçar tanto? A resposta é, agora que já sei, muito simples: introjetei a profecia da "buena dicha", porque passei a ter comportamentos e atitudes condizentes com o que ouvi e por acreditar tratar-se de uma verdade inquestionável e imutável.

As profecias autorrealizadas, bem como as crenças e as conclusões errôneas, têm sua origem em situações similares a esta, quando nos submetemos aos mandatos e determinações de uma "autoridade" externa à qual concedemos poder.

É também preciso reconhecer que para quem não confia em si mesmo tudo é muitíssimo mais difícil, complicado e exige o dobro do esforço e até sacrifício, pois qualquer desafio parece ser enorme e difícil de superar. Essa constatação é especialmente dramática para todos que fazem parte, eu inclusive, da tribo dos "Fazedores" cuja crença fundamental é: "Meu valor pessoal depende do que realizo, conquisto e tenho. Ter sucesso e ser bem-sucedido é a garantia de que serei admirado, requisitado, considerado e, portanto, amado".

É claro que essa é uma generalização falsa e irreal, pois eu, como qualquer outra pessoa, sou muito mais do que apenas minhas obras, realizações e status social, por mais que essas conquistas sejam positivas e elevem a Autoconfiança e Autoestima. Entretanto, foi esta "verdade" que aprendi, coloquei em prática e, suspeito, condicionou boa parte da minha geração e a seguinte, a Geração X.[2]

É fácil perceber que há um evidente conflito entre o "ter que fazer para ser" e a falta de confiança em si próprio. É uma equação que não "fecha". Um claro sintoma desse paradoxo é a Procrastinação, comportamento bastante comum e frequente, que é a antítese da realização e, consequentemente, causa da frustração e baixa Autoestima de todo "Fazedor".

Procrastinar é retardar, adiar, postergar, deixar para a última hora, esquecer ou não fazer, sem que haja uma razão definida, uma ação ou decisão que precise ser tomada. É interessante observar que procrastinamos, mesmo querendo fazer e com plena consciência das consequências negativas, se não o fizermos. É uma contradição emocional.

Entre as principais causas da procrastinação estão a falta de confiança em si mesmo, a avaliação pessimista e distorcida de uma determinada situação, o sentimento de desmerecimento e, finalmente, o medo da rejeição se falharmos. Portanto, a procrastinação é uma estratégia equivocada de defesa contra a dor da crítica e da recriminação. No seu mais alto grau, a procrastinação leva à desistência ou à total recusa em realizar o necessário. Paradoxalmente, tanto o adiamento quanto o não fazer, ao final, acarretam consequências exatamente idênticas àquelas que se pretendia evitar, ou seja: críticas, cobranças, perda de credibilidade, desconfiança, prejuízos financeiros etc.

A Dra. Hayden Finch, em seu livro *A psicologia da procrastinação*[3], nos dá um exemplo menos óbvio de procrastinação: "Em um dado

---

2 "*Baby boomers*", geração dos nascidos entre 1945 e 1961. Geração X compreende os nascidos entre 1965 e 1984.

3 Psychology of Procrastination, Rockridge Press, 2020, Emeryville, California, USA.

momento, você pode estar fazendo milhares de coisas; isso só é procrastinação se você usar este fato como justificativa para não tomar as ações ou decisões que planejou implementar".

Por ser um procrastinador desde menininho, posso garantir que conheço muito bem essa situação. Fazer um monte de coisas, sem tanta importância, passa a impressão de se estar ativamente ocupado, mas o que se pretende, no fundo, é dar uma boa desculpa a si mesmo e talvez para outras pessoas, para não fazer ou adiar o que realmente precisa ser feito.

Na meditação da manhã seguinte, pedi para ter mais clareza sobre esse tema, e escutei: "Você faz tudo certo quando quer, quando não tem outra escolha ou quando quer se provar para alguém. Nessas ocasiões você se dedica e encontra disposição para vencer o medo de falhar. Quanto maior o desafio, tanto mais forte seu ímpeto, interessado que está em demonstrar sua eficiência e competência. Apesar do sucesso, ainda subsiste esse sentimento de que não foi bom o suficiente. A realidade dos fatos é que seu "complexo de inferioridade" o leva a avaliar a realidade de uma forma muito pessimista e desvantajosa para você. Esta avaliação negativa ativa seu medo de falhar e, consequentemente, de ser criticado, cobrado e, em última instância, rejeitado.

Com o medo da rejeição presente, você recria a profecia autorrealizada, já que não é possível compatibilizar o ato de realizar para ser aceito e amado, com a crença de não ser competente. A saída ou é deixar de fazer e assim, ao menos evita a vergonha de ser criticado, ou deixar para fazer na última hora, acreditando que sob pressão você é mais eficiente. Acontece que, ao procrastinar, a ansiedade cresce à medida que o prazo se esgota e, portanto, as chances de cometer erros aumentam na mesma proporção.

Deixar para a última hora é um subterfúgio para criar coragem e confrontar o medo de falhar. Esse é o papel da adrenalina, que o estresse, decorrente do prazo se esgotando, produz. É uma estratégia realmente. Uma estratégia viciante que cobrará seu preço em algum momento pelos efeitos nocivos que causa no sistema imunológico.

A adrenalina cria dependência, porque à medida que você aumenta sua tolerância ao estresse, a produção de adrenalina tende a diminuir e, portanto, será preciso aumentar, artificialmente, o "perigo ou o risco" para que o nível de adrenalina retorne ao nível "ótimo".

Como tudo o que acontece reflete os pensamentos em que acredita, deixar de criar uma realidade adversa depende exclusivamente de você, da sua consciência e do seu desejo de interromper esse círculo vicioso e colocar no lugar uma atitude positiva, realista e responsável por você mesmo. Poderá demorar um pouco, um pouco mais ou ocorrer imediatamente. De certo, só uma coisa: a mudança vai acontecer em algum momento. É inevitável, pois o desenvolvimento da Consciência determina a direção e o ritmo dos acontecimentos.

As consequências da procrastinação e do estresse causado pelo medo de falhar servem apenas a uma finalidade: mostrar que você não é apenas o que você faz! Na verdade, as obras, as conquistas e o sucesso que obtém na sua vida dependem dos seus valores e princípios e da coerência das suas atitudes com relação a eles, ou seja, dependem da sua Integridade e do seu alinhamento com o Propósito Pessoal.

Em síntese: é o que você é que faz as pessoas gostarem de você.

Encerro este capítulo com uma citação de Lorde Krishna, retirada do livro *Deixe a vida fluir,* de Ramesh S. Balkesar:

> Não trabalhe com os resultados em mente. Se assim o fizer, você poderá se decepcionar e se frustrar porque, sejam quais forem seus esforços, os resultados nunca estarão sob seu controle. Assim sendo, por que não dar o melhor de si, se esquecendo dos resultados, já que não tem controle sobre eles?

Tema para Meditação: a procrastinação é um sintoma de desarmonia, pois inverte as prioridades. Procure se lembrar de uma situação em que tenha se percebido retardando o início de uma tarefa. Peça ajuda para ter clareza sobre seus sentimentos e motivos relacionados com esse comportamento.

Exercícios

1) Quais são suas "justificativas" mais habituais para protelar o que precisa fazer?

2) Como você prioriza suas tarefas? O mais fácil primeiro? Do que gosta mais? O que é mais rápido? O mais importante?

3) Que julgamentos você faz a seu respeito quando não termina a tempo o que deveria? E quais são seus sentimentos diante de uma falha ou insucesso? Se for medo, medo do quê?

4) Como você se sente quando termina uma tarefa com qualidade e no prazo prometido? Por quê? O que espera obter? Que tipo de gratificação?

5) Você acredita que trabalha melhor sob pressão?

6) Você tem consciência das consequências de retardar ou não finalizar as tarefas podem acarretar? Quais são essas consequências, tem algum exemplo?

7) Qual é o tamanho da importância que dá ao que as pessoas pensam de você? O que acredita que as pessoas mais valorizem em você? E ao contrário, o que menos gostam em você?

8) O que lhe dá uma genuína e merecida satisfação? Por exemplo: A sensação de "missão cumprida"? Fazer o que é certo bem-feito? Ou alguma outra coisa?

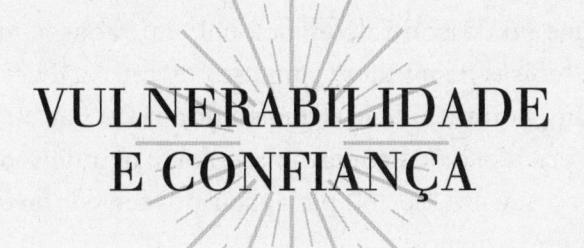

VULNERABILIDADE E CONFIANÇA

> "Vulnerabilidade não é conhecer
> vitória ou derrota;
> é compreender a necessidade de ambas,
> é se envolver, se entregar por inteiro."
> **Theodore Roosevelt**[1]

> "A dor é inevitável,
> o sofrimento é opcional."
> **Darc, no meu diário**

> "Somos equânimes quando não
> tentamos corrigir o que se manifesta."
> **Luiz Lopes Corrêa**

Ser homem não é fácil. "Um homem não chora, um homem é forte e ativo, um homem 'pega o touro pelos chifres', um homem está no controle e dá ordens, um homem não traz desaforo para casa..."[2]. Ouvi frases como essas muitas vezes na minha infância e quando não foram ditas diretamente para mim, estavam contidas, implicitamente, nas atitudes e comportamentos que presenciei na época. Mas, seja lá como for, o fato é que acatei esses ditames como definição de como um homem deveria ser, condição que

---

1 Presidente norte-americano em discurso proferido na Sorbonne, Paris, em 23 de abril de 1910.

2 Em *A bailarina de Auschwitz*, Dra. Edith Eva Eger, Editora Sextante, 2019, Rio de Janeiro, Brasil.

passava longe do descontrole emocional, da fraqueza, da fragilidade, ou seja, "coisas de mulher" como se costumava dizer preconceituosamente e, portanto, tudo o que eu deveria evitar ou até mesmo repudiar. E era isso o que contava na prática: agir de acordo com as regras, com o que era "certo", para estarmos em conformidade com o que se esperava de nós!

"Vulnerabilidade", segundo a definição do dicionário[3], é, em resumo, "a condição do vulnerável, fragilidade, fraqueza". Esse, no entanto, não é o significado que quero empregar aqui, pois prefiro o sentido que é dado em textos psicológicos-espirituais, que é o seguinte: "Vulnerabilidade é a condição de não se defender, de não reagir e de se deixar afetar pelos acontecimentos, palavras ou sentimentos que nos sejam dirigidos, ainda que nos tragam algum tipo de desconforto".

Essa é, claramente, uma definição diametralmente oposta à do dicionário e difere desta, em primeiro lugar, por ser uma escolha consciente e ativa que fazemos e, em segundo lugar, porque nem de leve pode ser associada à fraqueza ou à fragilidade, muito pelo contrário.

Podemos resistir em manifestar características que são da nossa própria Essência, como compaixão, amorosidade, sensibilidade, delicadeza e empatia. No entanto e felizmente, essa é uma tentativa fadada ao insucesso e o máximo que poderemos conseguir será sufocar essas tendências inatas por algum tempo, mas jamais definitivamente. Em vez de aceitarmos o fato de que não é possível mudar nossa Essência e vivermos em paz, continuamos a insistir em velhos comportamentos e atitudes improdutivas e dissociadas da nossa natureza mais profunda, que só trazem conflito, insegurança, medo e insatisfação.

Se colocar numa posição vulnerável é uma decisão que demonstra uma coragem colossal para enfrentar o risco da dor e do sofrimento emocional cuja dimensão nem mesmo a própria pessoa tem

---

3 Vulnerável: desamparado, desguarnecido, fraco, frágil, susceptível de ser ferido. Novo Dicionário Aurélio da Língua Portuguesa, 2. ed., 1986, Editora Nova Fronteira S.A., Rio de Janeiro, RJ, Brasil.

como avaliar de antemão. Confessar amor por alguém sem saber sua reação não é ser vulnerável? Não é preciso muita coragem para correr esse risco? Pense bem, e se sua amada o rejeitar, como você se sentirá? O que dizer, então, de reconhecer um erro, assumir a responsabilidade por um fracasso, sem procurar desculpas ou justificativas, ou ainda, mostrar para o mundo que não se é perfeito, ainda que isto signifique desapontar ou frustrar a opinião pública ou de alguém em especial? Não, em absoluto, não há qualquer traço de covardia quando, diante de um abismo decidimos saltar sem saber quais serão as consequências, mas com a certeza de que é o que precisamos fazer por nós mesmos.

No filme *Indiana Jones e a Última Cruzada*, Harrison Ford está diante de um abismo e a sua salvação depende de cruzar esse precipício e, de acordo com o desenho no diário do seu pai, existe uma ponte que lhe garantirá a travessia segura. Mas não há ponte visível, nada; ainda assim, Indiana Jones, sem ter escolha, dá um passo sobre o vazio do abismo e, imediatamente, uma ponte se materializa sob seus pés. Eis uma bela metáfora sobre Vulnerabilidade e correr riscos para superar obstáculos ou limitações.

Em última análise, assumir um risco assim significa nos respeitarmos e sermos verdadeiros e coerentes com o que acreditamos. A sensação de bem-estar e felicidade que decorre ao agirmos dessa forma é a confirmação de que fizemos o que é certo. Não há melhor maneira de fortalecer nossa Autoestima do que essa.

Eu mesmo, como relatei em capítulo anterior, em plena Floresta Encantada, no Caminho de Santiago de Compostela, fiquei paralisado pelo medo de me perder, ter um ataque do coração e morrer abandonado no meio da floresta. Diante de tais pensamentos trágicos, meu primeiro impulso fora o de dar meia-volta o quanto antes e retornar para a segurança do albergue em Roncesvalles. Mas não foi o que fiz. Acolhi o meu medo, rezei pedindo ajuda e prossegui no Caminho, mesmo ainda me sentindo inseguro. Com o passar dos dias, minha confiança foi aumentado ao perceber que podia me responsabilizar por mim mesmo e garantir minha segurança. Cheguei à Santiago de Compostela 33 dias depois, convencido de que a "dor de me sentir abandonado" se não estava totalmente curada ao menos tinha sido consideravelmente atenuada.

Compreendi que apenas eu posso saber, com certeza, quais são minhas necessidades e se tenho condições ou não de satisfazê-las e o que preciso fazer para isso. Ao me permitir ser vulnerável, minha autonomia e liberdade para ser quem sou crescem, na mesma medida, a ponto de eu poder liberar as pessoas das minhas exigências e cobranças para que cuidem de mim, ou para que atendam as minhas reinvindicações de pronto e sem questionamentos.

Como faço sempre que estou em busca de inspiração, abri meu diário e encontrei uma mensagem de janeiro de 2021, que considero extremamente pertinente com relação ao tema da Vulnerabilidade. A mensagem diz: "Sua definição de 'Coragem' está incorreta, porque se baseia em valores do ego, ao incorporar conceitos de uma "cultura de massa" distorcidos que o fizeram concluir que não era corajoso o suficiente. Ser corajoso não é enfrentar perigos desnecessários e irreais, não é brigar, vencer ou ser mais forte e agressivo para intimidar as pessoas. Ser corajoso é se questionar, não fugir da verdade e reconhecer em si mesmo o que precisa ser transformado. Ser corajoso é assumir a autorresponsabilidade por todos seus atos, sentimentos, pensamentos e julgamentos. É tomar posse de si mesmo, se sabendo Perfeito, mesmo que a manifestação dessa Perfeição, na sua completude, ainda esteja distante para você. Ser corajoso é confiar na sua intuição, seguir o que o coração dita, ainda que lhe pareça estranho e sem sentido. É confiar na Força mantenedora da Vida que conspira para que tudo evolua. Ser corajoso é reconhecer, com humildade, que ainda não se está pronto, mesmo assim não desistir e continuar no caminho e no seu processo. Ser corajoso é sustentar a sua verdade, mas reformá-la se as evidências de uma verdade maior e mais bem fundamentada assim o recomendarem. Ser corajoso é sustentar, honrar, defender, preservar toda e qualquer manifestação de Vida".

Prosseguindo na leitura do diário: "Não se recrimine, não se puna ou se critique se as coisas não derem certo ou não saírem como gostaria, em especial aquelas que não dependem exclusivamente de você. Relaxe, espere com paciência, confiança e com a certeza de que tudo acontece quando deve acontecer, ou seja, quando as condições necessárias e suficientes forem satisfeitas. Não há atalhos, nem mágica. Esse é o real aprendizado que a vulnerabilidade oferece".

Leio e releio essa mensagem e sinto a gratidão crescer dentro de mim e a energia fluir desimpedida pelo meu corpo, como uma descarga elétrica. Sei, por experiências anteriores, que este é o sinal que confirma que me deparo com a verdade, a certeza inquestionável, límpida e cristalina. A partir daí, não há mais espaço para dúvidas ou incertezas, é só colocar em prática.

Repito mais uma vez em silêncio para mim mesmo: ser vulnerável é se deixar afetar. É confiar que o melhor sempre acontecerá, independentemente do meu controle, desejo e vontade. Ao me permitir ser vulnerável, fica imensamente mais fácil compreender e ressignificar as conclusões e crenças errôneas que mencionei no início deste capítulo e que trouxeram tantas consequências negativas.

A Entrega, Deixar a Vida Fluir ou Fluir com a Vida e a Vulnerabilidade não só estão inter-relacionadas, como também têm como ponto em comum entre si a Confiança, que consiste na aceitação pacífica de que tudo que venha a nos acontecer é o melhor e mais benéfico que poderia ocorrer nas condições dadas. Pode até ser que no momento a completa compreensão e os desdobramentos dos acontecimentos me escapem, porém, se tiver Confiança, posso perseverar até ter uma compreensão mais ampla que permita o desvelar da verdade por inteiro; então, tudo se mostrará de forma clara e lógica.

A Confiança, portanto, nasce da compreensão e aceitação de que a Lógica da Vida objetiva, de forma simultânea e interdependente, a ampliação da Consciência, a concretização do Propósito Pessoal e nossa plena realização como seres individualizados. Assim sendo, assumir riscos não é garantia de que os resultados serão os que gostaríamos, mas sim que são os necessários para criar as oportunidades de nos desenvolvermos.

Tema para Meditação: o que significa para mim ser vulnerável? Como me sinto ao renunciar ao controle, em uma dada situação, por não estar seguro do que fazer e mesmo não ter total noção das consequências da minha decisão? Quais são os sentimentos ao me render ao imprevisto?

Exercícios

A. Preencha cada uma das frases a seguir com todas as palavras que lhe vierem, espontaneamente, à sua mente.

Vulnerabilidade é _____

A sensação de estar vulnerável é _____

B. Responda:

1) Como eu reajo, normalmente, ao me sentir emocionalmente exposto diante de outras pessoas?

2) Quais são meus sentimentos ao reconhecer que não tenho uma resposta ou uma solução?

3) Em que área – profissional, afetiva, familiar ou social – me sentir exposto e vulnerável é mais amedrontador? De que forma o medo se manifesta nessa situação? Como raiva, congelamento e retirada ou como uma atitude passiva e envergonhada?

C. Reflita e desenvolva seu entendimento sobre a seguinte afirmação da escritora Brené Brown, mencionada em seu livro, *A coragem de ser imperfeito*: "Experimentar a Vulnerabilidade não é uma escolha. A única escolha que temos é como vamos reagir quando formos confrontados com a incerteza, o risco e a exposição emocional. Se continuar me defendendo automaticamente da dor que minhas atitudes imaturas criam, não só não elimino minha dor, mas a transformo em sofrimento".

AUTONOMIA

"Ninguém pode me dizer como ser,
mas pode mostrar o que preciso mudar em mim!"
Darc

"A liberdade é uma escolha."
Dra. Edith Eva Eger

"O privilégio de uma vida
é se tornar quem você realmente é."
Carl Jung

Comecei este livro afirmando que, na minha opinião, o aprendizado mais importante a ser feito na Vida é o de se amar ou, em outras palavras, desenvolver e fortalecer a própria autoestima.

Amar a si próprio não é apenas um ingrediente vital para determinar nossa qualidade de vida e bem-estar nas diferentes áreas de nossas vidas, mas também é pré-requisito essencial para que possamos vir a amar as pessoas e a toda e qualquer manifestação de vida. Há uma clara correlação de causa e efeito entre se amar e amar os demais.

Vou tentar explicar como funciona esta correlação me tomando como exemplo: quando, por algum motivo, estou mal, insatisfeito, crítico e descrente de mim mesmo, ou seja, com baixa autoestima, vejo o mundo e as pessoas à minha volta com este mesmo olhar negativo que me dirijo. Tudo me parece complicado e conspirar contra mim, antevejo as dificuldades e os desentendimentos que me aguardam e, então, minha ansiedade e irritação aumentam na mesma proporção, a ponto de afetar minha comunicação e minhas atitudes com estas pessoas.

Acredito mesmo que as pessoas sejam afetadas energeticamente pelo meu estado de espírito negativo, criando, consciente ou inconscientemente, a predisposição para reagirem de forma equivalente, o que dá início a situações de conflito e desarmonia. Penso que muitas pessoas saibam do que estou falando por já terem vivido, em algum momento, situações como esta que exemplifico a meu respeito.

Do meu ponto de vista, nosso desejo de obter aprovação e reconhecimento dos outros decorre fundamentalmente do desamor que sentimos por nós mesmos. Esta necessidade de ser aceito, que em muitos casos se torna uma verdadeira obsessão, nos leva a desrespeitar nossos próprios valores, nossas reais necessidades e nossos limites. Em outras palavras, construímos um "eu" que guarda poucas semelhanças com o que somos em Essência ou como prefiro denominar com o nosso Eu Real.

Aparentar o que não somos para agradar o mundo exterior, em alguma medida, é a fórmula certeira para diminuirmos nossa autoestima e, como no exemplo acima, atrair conflitos, frustrações, desencontros, insucessos, dor e sofrimento.

Todos nós podemos parar um instante e nos voltarmos, em silêncio, para nosso âmago e nos perguntar: "De onde vem esta minha insatisfação, este sentimento de vazio, de irrealização e de que não estou obtendo da Vida tudo o que poderia? Por que me critico e me cobro tanto quando não consigo o que quero ou quando minhas expectativas são frustradas"?

Se tivermos paciência, vontade relaxada para silenciar os pensamentos da mente, vamos escutar como resposta a estas indagações algo do gênero: "Corra o risco de ser você mesmo".

Assim sendo, acredito, a solução para nos amarmos está em corajosamente nos permitirmos ser nós mesmos em cada pensamento, palavra, sentimento e ação. Pode ser que isto represente desagradar alguém e, até mesmo, sermos acusados de arrogantes, egoístas, egocêntricos ou ególatras[1], apenas porque tivemos uma atitude assertiva ou porque reconhecemos, com justiça, nossas próprias qualidades, sem a intenção de desmerecer quem quer que seja.

Em capítulo anterior, tratei do tema da autoestima com mais detalhes e afirmei que há dois componentes fundamentais para a construção de uma autoestima saudável: a autoconfiança e o autorrespeito. Mencionei, então, o autorrespeito como sendo nosso direito de preservar, defender e priorizar nossos próprios interesses, necessidades, princípios e valores, ou seja, tudo que define nossa individualidade. Mas, agora, é preciso introduzir o conceito de Autonomia.

A diferença entre autorrespeito e autonomia é sutil. O autorrespeito, como mencionado acima, é uma atitude que preserva nossa individualidade, ao passo que a autonomia trata de afirmar esta mesma individualidade.

Autonomia é a capacidade de se responsabilizar por si mesmo, isto é, de se manter e realizar as funções necessárias para a preservação da própria vida, como: ser capaz de resolver as questões cotidianas, atender às necessidades físicas, fisiológicas e emocionais, estar apto para se locomover, discernir opções, fazer escolhas etc.

Entretanto, a Autonomia tem um significado ainda mais amplo, é a decisão de se posicionar de acordo com as próprias convicções, valores e princípios, de forma livre, imparcial e responsável, a despeito dos mandatos, opiniões e imposições a que fomos expostos e até submetidos, em tantas ocasiões e por diferentes motivos, ao longo da Vida. Autonomia, em resumo, trata-se de abdicar do desejo de sermos aceitos a qualquer custo, o que não significa, obviamente,

---

1 O Egoísta, cuida só dos seus interesses; o Egocêntrico, considera-se o centro das atenções; e o Ególatra, endeusa a si mesmo. Definições do Novo Dicionário Aurélio da Língua Portuguesa.

confrontar ou desqualificar opiniões divergentes nem mesmo desrespeitar ou afrontar as normas e regras de boa convivência e respeito em Sociedade.

Para o filósofo Immanuel Kant[2], "Autonomia é a capacidade de uma pessoa governar-se pelos próprios meios, de se autodeterminar segundo uma legislação moral por ela mesma estabelecida e livre da influência ou coerção de qualquer fator estranho ou exógeno".

A Autonomia, bem como o Autorrespeito, se constrói vivendo, aprendendo e se questionando para obter as próprias respostas e conclusões. Na verdade, refere se à construção da nossa autoridade interna, única e exclusiva. Sem Autonomia e Autorrespeito não há, de fato, Liberdade e Independência.

Autonomia, Autorrespeito, Autorresponsabilidade, Assertividade, Autoridade, Independência, Integridade, Liberdade e Liderança são conceitos totalmente interligados e dependentes entre si, sendo até difícil identificar quando um ou outro está presente ou quando cada um é causa ou consequência do outro.

De certo mesmo, ou melhor, minha única certeza é a absoluta necessidade de vivermos em consonância com os valores e princípios da nossa verdadeira Essência, do nosso Eu Superior, Nosso Eu Divino ou, como prefiro chamar, nosso Eu Real.

No fundo, no fundo, sabemos que a Vida tem bem mais a nos oferecer além do que estamos obtendo, ainda assim relutamos em fazer as transformações que nos permitiriam usufruir dessa Vida mais plena e realizadora e optamos por seguir velhos ditames e padrões aos quais nos habituamos.

Termino o capítulo com uma citação do Guia do Pathwork que, penso, resume com clareza todo esse processo.

---

2 Immanuel Kant, filósofo nascido em Königsberg, então pertencente à Prússia, em 22/04/1724, e falecido na mesma cidade em 12/02/1802. Tido por muitos como o precursor da Filosofia Moderna.

A meta primordial de vocês é atingir a Autonomia, na mais ampla acepção da palavra. Ter Autonomia significa ter a capacidade de respeitarem a si próprios e descobrirem seus valores, sua capacidade de amar e encontrar a satisfação pela qual anseiam, a realização da sua tarefa espiritual, razão da sua vinda à Terra; de sua experiência do Deus Vivo[3] dentro de vocês e à sua volta; de sua habilidade de ser um verdadeiro líder bem como um seguidor, de sua capacidade de abandonar a mente e encontrar a paz interior, que é o seu verdadeiro destino.[4]

Tema para Meditação: quais são meus valores e princípios fundamentais e inegociáveis?

Exercício: escreva primeiro sobre as percepções que teve durante a Meditação e, em seguida, responda às seguintes questões:

1) Sinto-me bem comigo mesmo(a)? Reconheço, com naturalidade, meus pontos fortes e qualidades?

2) O que eu faço e ao que reajo automaticamente? Por quê?

3) Reconheço que, às vezes, tenho atitudes que preferia não ter, por medo de desagradar ou para evitar problemas?

4) Quando necessário, sei dizer não às pessoas? Quantas vezes disse *sim* a um pedido sem pensar direito?

5) Consigo me responsabilizar tranquilamente por ser eu mesmo(a)?

6) O que eu faço e ao que reajo automaticamente? Por quê?

7) Como me sinto ao ser questionado(a)? Reconheço que a outra parte tinha razão? Revejo minha posição pacificamente ou fico ressentido e me sentindo rejeitado?

8) Sinceramente: me julgo merecedor(a) de ser feliz?

---

3 Na realidade, o Guia se refere dessa forma ao Eu Real ou o Eu Superior.

4 Palestra do Guia do Pathwork© 254 – Espaço Interior – Focando o Vazio.

UMA PALAVRA FINAL

"É preciso correr o risco de ser você mesmo.
Você vai se surpreender!"
Darc

Inicio minha oração da manhã e, como já fiz tantas outras vezes, peço a Deus que me mostre qual é meu pior defeito, aquele que mais dificulta meu progresso. E mais uma vez, cresce de dentro de mim a resposta que já escutei antes: "Não se amar, não se sentir merecedor do melhor da vida, se depreciar e 'trair' sua Essência, a sua verdadeira forma de Ser, para agradar os outros, para ser aceito, considerado ou, em última análise, para ser amado. Tudo, todas suas atitudes e comportamentos estão contaminados pela sua crença de que não tem valor ou é indigno. É como uma Palavra Cristalizada dentro do seu peito, um ponto energético, pode se dizer, que emite comandos que influenciam seus pensamentos e sentimentos e que vão adicionando e sobrepondo camadas e camadas de novas conclusões distorcidas a seu próprio respeito. Mas pergunte-se: Como pode um Filho de Deus não ter valor, ser indigno? Como pode um SER PERFEITO EM TODA SUA EXTENSÃO criar alguém ou algo imperfeito? Portanto, sua negação e falta de amor por si mesmo é o mesmo que negar a PERFEIÇÃO DE DEUS. Assim sendo, é preciso rever suas conclusões depreciativas a seu respeito e transformá-las em outras mais condizentes com sua verdade de momento: o fato de você ainda ter aspectos a transformar internamente não significa, em absoluto, que não tem valor, muito menos que é indigno de receber o melhor da vida e, sobretudo, de ser amado. Mas, lembre-se, o primeiro passo é, sempre, reconhecer o que precisa ser transformado, e isso só se consegue desistindo dos falsos papéis e derrubando as defesas infrutíferas que impedem que você seja verdadeiro e sincero nas suas interações, nos seus pensamentos e sentimentos. Nada debilita mais a autoestima do que se sentir e se saber insincero consigo mesmo e com os outros. Faça isso e você vai se surpreender".

Sou capaz de me amar ao perceber que sei cuidar de mim mesmo quando reconheço minhas qualidades verdadeiras, quando sinto compaixão por mim ao falhar e cometer deslizes, quando me respeito e me aceito por ser quem eu sou e consigo ser, sem a preocupação de atender às expectativas das pessoas para obter sua aprovação e amor. Acredito que essa é a essência da Autonomia e do Amor-Próprio saudável.

Procurei, ao longo das páginas deste livro, transmitir a importância de agirmos com Autonomia para fortalecermos nossa Autoestima, pois ambas são interdependentes. Não sei se tive ou terei sucesso nessa empreitada, mas o que sei é que, ao escrever este livro, ficou mais claro do que nunca como tudo funciona como um processo inter-relacionado que se retroalimenta cujo objetivo final é a ampliação da nossa Consciência, ou seja, a manifestação dos sentimentos mais elevados como a Gratidão e o Amor sem condições e sem restrições. Esse é o Propósito definitivo que todos nós, como Almas individualizadas e ao mesmo tempo conectadas, nos comprometemos realizar. Estou absolutamente convencido, por isso reafirmo que o caminho para o Propósito Pessoal passa, necessariamente, pelo fortalecimento da Autonomia e da Autoestima.

Espero, sinceramente, que a leitura deste livro contribua para que as pessoas reflitam sobre si mesmas, a ponto de se motivarem a dar andamento ao seu processo de Autodesenvolvimento e conquistarem uma Vida com mais significado, realização e plenitude. Uma vida mais feliz.

No Amor e na Luz, sempre!

Ricardo Porto, maio de 2023.

REFERÊNCIAS BIBLIOGRÁFICAS

Livros

ADRIENNE, Carol. *The Purpose of your Life*. New York: Eagle Book, 1998.

ALTSCHULER, Stephen. *Into the Woods... and Beyond*. Vancouver: Kindle Edition, Sacajawea Press, 2021.

BAER, Ruth A. *Mindfulness para la felicidad*. Barcelona: Ediciones Urano, 2014.

BALSEKAR, Ramesh S. *Deixe a vida fluir*. São Paulo: Theba Book, 2010.

BARRETT, Richard. *A nova psicologia do bem-estar humano*. Rio de Janeiro: Alta Books Editora, 2019.

BASSO, Theda & PUSTILNIK, Aidda. *Corporificando a consciência*. São Paulo: Instituto Cultural Dinâmica Energética do Psiquismo, 2000.

BOURBEAU, Lise. *As cinco feridas emocionais*. Rio de Janeiro: GMT Editores Ltda., 2017.

BRANDEN, Nathaniel. *Autoestima e seus seis pilares*. São Paulo: Saraiva, 1995.

_____. *Autoestima, liberdade e responsabilidade*. São Paulo: Saraiva, 1997.

_____. *Como aumentar sua autoestima*. Rio de Janeiro: GMT Editores Ltda., 2009.

_____. *The Psychology of Self-Esteem*. Los Angeles: Nash Publishing Corporation, 1969.

_____. *The Power of Self-Esteem*. Deerfield Beach, Florida: Health Communications, Inc., 1992.

BROWN, Brené. *A arte da imperfeição*. Rio de Janeiro: Sextante, 2020.

_____. *A coragem de ser imperfeito*. Rio de Janeiro: Sextante, 2013.

CSIKSZENTMIHALYI, Mihaly. *Flow: a psicologia do alto desempenho e da felicidade*. Rio de Janeiro: Objetiva, 2020.

D'ANNA, Elio. *A escola dos deuses*. São Paulo: Barany Editora, 2007.

DYER, Wayne W., M.D. *The Power of Intention*. New York: Hay House Inc., 2004.

EGER, Edith Eva. *A bailarina de Auschwitz*. Rio de Janeiro: Sextante, 2019.

_____. *A liberdade é uma escolha*. Rio de Janeiro: Sextante, 2021.

ECKHART, Meister. *Conselhos espirituais*. Petrópolis: Vozes, 2016.

EISENSTEIN, Charles. *O mundo mais bonito que nossos corações sabem ser possível*. São Paulo: Palas Athena Editora, 2016.

ELROD, Hal. *O milagre da manhã*. Rio de Janeiro: Best Seller, 2020.

FARAH, Ricardo. *Série reflexões*. São Paulo: Clube dos Autores, Versão Digital Amazon, 2021.

FERRARI, Joseph R. *Still Procrastinating?* Hoboken, NJ: John Wiley & Sons, 2010.

FINCH, Hayden, M.D. *Psychology of Procrastination*. Emeryville, CA: Rockridge Press, 2020.

FOUNDATION FOR INNER PEACE. *Um curso em milagres*. Glen Ellen, CA, 1994.

FRANKEL, Viktor E. *Em busca de sentido*. São Leopoldo, RS: Sinodal, 1985.

GAWAIN, Shakti. *O caminho da transformação*. São Paulo: Best Seller, 1993.

_____. *A conquista da verdadeira prosperidade*. São Paulo: Pensamento, 1997.

_____. *Meditations*. Novato, CA: Nataraj Publishing, 2002.

_____. *Visualização criativa*. São Paulo: Pensamento, 1978.

_____. *Vivendo na luz*. São Paulo: Pensamento, 1994.

GEBRIM, Patrícia. *A menina, a águia e a torre*. São Paulo, 2018.

HAIG, Matt. *A biblioteca da meia-noite*. Rio de Janeiro: Record, 2020.

HAPPÉ, Robert. *Consciência é a resposta*. São Paulo: Talento, 1997.

KISHIMI, Ichiro & KOGA, Fumitake. *A coragem de não agradar*. Rio de Janeiro: Sextante, 2018.

KOSS, Monika von. *Feminino + masculino*. São Paulo: Escrituras, 2004.

KUYLENSTIERNA, Elizabeth. *O poder dos imperfeitos*. Rio de Janeiro: Vozes, 2015.

LEIDER, Richard J. *The Power of Purpose*. San Francisco, CA: Berrett-Koehler Publishers, Inc., 1997.

MCKEOWN, Greg. *Essencialismo*. Rio de Janeiro: GMT Editores Ltda., 2014.

MOORJANI, Anita. *Dying to be me*. New York: Hay House Editors, 2012.

_____.*What if this is Heaven?* New York: Hay House Editors, 2016.

_____. *Sensitive is the New Strong*. New York: Enliven Books, 2021.

MOUNTAIN DREAMER, Oriah. *O convite*. São Paulo: Sextante, 2000.

MOURKOGIANNIS, Nikos. *Purpose*. New York: Palgrave Macmillan, 2006.

PEIRCE, Penney. *Frequência vibracional*. São Paulo: Cultrix, 2011.

PIERRAKOS, Eva. *O caminho da autotransformação*. São Paulo: Cultrix, 1990.

PIERRAKOS, Eva & SALLY, Judith. *Criando união*. São Paulo: Cultrix, 1996.

PIERRAKOS, Eva & THESENGA, Donovan. *Entrega ao Deus interior*. São Paulo: Cultrix, 1999.

_____. *Não temas o mal*. São Paulo: Cultrix, 1995.

PIERRAKOS, Eva & THESENGA, Susan. *O eu sem defesas*. São Paulo: Cultrix, 1997.

PIERRAKOS, John C, M.D. *Energética da essência* (Coreenergetics). São Paulo: Pensamento, 1994.

PRIGOGINE, Ilya. *The End of Certainty: Time, Chaos, and the New laws of Nature*. New York: The Free Press, 1998.

RIPONCHE, Chagdud Tulku. *Os portões da prática budista*. Três Coroas, RS: Makara, 2010.

RISO, Walter. *Apaixone-se por si mesmo*. São Paulo: Planeta do Brasil, 2011.

ROHDEN, Huberto. *Einstein, o enigma do universo*. São Paulo: Martin Claret, 1993.

RUIZ, Antonio Machado. *Provérbios y Cantares*, 1917.

SAVILE, Jimmy. *The Beatles Lyrics*. London, UK: Futura Publications, 1969.

SCHÖNBORN, Felizitas von. *Dalai Lama: caminho da sabedoria, caminho da paz*. Porto Alegre: L&PM Editores, 2009.

THURSTON, Leslie Temple. *O casamento do espírito*. Rio de Janeiro: WVA Editora e Distribuidora Ltda., 2006.

_____. *Retornando à unidade*. Rio de Janeiro: WVA Editora e Distribuidora Ltda., 2007.

TULKU, Thartang. *O caminho da habilidade*. São Paulo: Cultrix, 1994.

WEATLEY, Margaret J. *Liderança e a nova ciência*. São Paulo: Cultrix, 1999.

WILLIAMSON, Marianne. *A Return to Love*. New York: HapperCollins Publishers, 1992.

WOOD, Charles Cresson. *Opening to Abundance*. Charlottesville, VA: Pathwork Press, 2004.

ZUKAV, Gary. *The Dancing Wu Li Masters*. New York: William Morrow Co., 1979.

Palestras do Pathwork© - www.pathworksp.com.br

Conjunto de 258 palestras proferidas por uma entidade espiritual conhecida simplesmente como o Guia, que foram transmitidas pela austríaca Eva Pierrakos durante o período compreendido entre os anos de 1957 e 1979. As palestras tratam, fundamentalmente, da natureza da realidade psicológica e espiritual e sobre o processo de autoconhecimento e autotransformação. Podem ser baixadas, gratuitamente, pelos sites: www.pathworksp.com.br ou www.pathworkbrasil.com.br